知っているようで知らない
日本語の秘密
切り身なのになぜ刺身?

語源の謎研究会［編］

はじめに

　日常で何気なく使っている言葉にも、よくよく考えてみると、謎に満ちた言葉が多数ひそんでいるもの。
　たとえば、「刺身」という言葉。「刺身」は、明らかに「切り身」なのになぜ「刺身」というのか？
　あるいは、「麻婆豆腐」。なぜ「婆」という言葉が使われているのか？　果たしてお婆さんが作った料理だから「麻婆豆腐」というのだろうか？
　食べ物以外でいえば、「赤の他人」という言葉。「他人」は、どうして青でも黒でもなく「赤」なのだろうか？
　そのような疑問を解決するには、言葉の語源を辿るのが一番。「切り身」なのに「刺身」というのも、「麻婆豆腐」に「婆」が入っているのも、「赤の他人」が「赤」なのも、語源を知れば納得する理由があるのだ。
　本書では、702語の思わず人に話したくなる語源をイラストと合わせてわかりやすく紹介した。
　本書を通じ、日本語の面白さを知るとともに、自身の教養として役立てていただければ幸いだ。

語源の謎研究会

Contents

目次

はじめに ………………………………………………………… 02

第1章　普段からよく使っている言葉の意外な語源

包丁—切れ者は一味違うその理由— ………………………………… 12
おあいそ—もとはお店側が使った言葉だった？— ………………… 13
出前—意外にも敬意のある言葉です— ……………………………… 14
ごちそう—ご馳走はなぜ走る？— …………………………………… 15
しゃり—どうして米を「しゃり」という？— ……………………… 16
刺身—「切り身」なのになぜ「刺身」？— ………………………… 17
福神漬け—なぜ縁起がよい名前なのか？— ………………………… 18
蒲焼—うな重と蒲焼の違いをいえますか？— ……………………… 19
きんぴらごぼう—有名な人物が語源になった？— ………………… 20
そば—意外にも"カド"を意味する言葉から— …………………… 21
うどん—もとはお菓子の名前だった？— …………………………… 22
あたりめ—スルメでなくなぜ「あたりめ」？— …………………… 23
味噌—実は中国発祥の調味料だった？— …………………………… 24
ホットドッグ—どうして犬が熱いのか？— ………………………… 25
グラタン—デザートだってグラタンになる理由— ………………… 26
パフェ—見た目も名前も完璧である所以— ………………………… 27
焼売—蒸して売るのになぜ「焼売」？— …………………………… 28
ラーメン—かけ声だって名前になるのです— ……………………… 29
雲呑—地名がそのまま名前になった言葉— ………………………… 30
麻婆豆腐—お婆さんは関係ない？— ………………………………… 31
大福—「福」は当て字だった？— …………………………………… 32
羊羹—「羊」が入っている理由— …………………………………… 33
煎餅—「煎」は後付けだった？— …………………………………… 34
金平糖—語源はポルトガル語？— …………………………………… 35
おはぎ・ぼたもち—季節によって名前が変わるのはなぜか？— … 36
大学芋—出身大学はどこ？— ………………………………………… 37
ヤブ医者—「ヤブ」とは何か？— …………………………………… 38
匙を投げる—どうして「匙」を投げたのか？— …………………… 39
さぼる—語源は木靴だった？— ……………………………………… 40
ヤマが当たる—ヤマは「山」でもどんな山？— …………………… 41
玄関—風水で重要視されるその理由— ……………………………… 42

布団─「団」に込められた意外な意味─	43
うんこ─思わず出る声が語源ってホント？─	44
おなら─「なら」とはどんな意味？─	45
しゃっくり─「百回繰り返すから」は俗説─	46
いびき─「ゴーッ」と鳴るいびきの正体─	47
焼きが回る─よく聞くが意外と知らない本当の意味─	48
万歳─三唱したのはなぜか？─	49
火中の栗を拾う─火に飛び込んでまで栗を拾ったのは誰か？─	50
流石─夏目漱石のペンネームと同じその由来─	51
挨拶─もとは押し分けて前に出ることだった？─	52
おはよう─実は昼でも夜でも使えた万能言葉─	53
さようなら─江戸時代の武家言葉が語源─	54
もしもし─どうして電話の始めにこういうか？─	55
道楽─実は格調高い言葉なのです─	56
おてんば─「おてんば」とはどんな姿？─	57
キザ─もとは江戸の遊郭で使われていた言葉─	58
三日坊主─どうして「坊主」なのか？─	59
足もとを見る─何を確認したかったのか？─	60
ひやかす─冷やかしたかったのは何？─	61
せっかち─なぜ急いだのか？─	62
ケチ─縁起が悪い意味に転じたその所以─	63
いいかげん─どの程度のことなのか？─	64
ろくでなし─「ろく」がないってどういうこと？─	65
たわけ─どうして「馬鹿者」の意味を持つ？─	66
お払い箱─どんな箱なのか？─	67
コラム1　都道府県名の語源	68

第2章　「ウソ！ 本当？」
　　　　　　ついつい誰かに話したくなる語源

我慢─どんな時に「我慢」したのか？─	72
几帳面─「几帳面」の「面」は何の面？─	73
有頂天─上には上があるのでは？─	74
ミーハー─もとは相撲界に由来する？─	75
ちやほや─実は平安時代から存在する言葉─	76
赤の他人─なぜ青ではなく赤なのか？─	77
せっぱつまる─つまった「せっぱ」とは何？─	78

やばい―語源は「やばい」ほどに品がない？―	79
どさくさ―「どさ」とは意外にもあの地名―	80
かったるい―「何が」かったるいのか？―	81
ちょっかい―最初に「ちょっかい」を出したのは猫だった？―	82
ありがとう―本来軽々しく使うのは厳禁です―	83
にやける―実は多様性社会のさきがけだった？―	84
サバを読む―アジでもタイでもなくなぜ「サバ」なのか？―	85
むしゃくしゃ―「むしゃくしゃ」したのはどうしてか？―	86
一蓮托生―「蓮」に込められた意味―	87
はなむけ―誰の鼻をどこに向けたのか？―	88
とことん―語音はどこから来ているのか？―	89
ふざける―「誰と」ふざけたのか？―	90
ちょこざい―時代劇でよく出てくる言葉の由来―	91
上戸―酒好きを「上戸」というその理由―	92
ざっくばらん―「ざっくばらん」だったモノとは何か？―	93
ぐれる―「ぐれ」の語源となった生き物の正体―	94
土壇場―どんな場所なのか？―	95
あさましい―平安時代の古語が語源―	96
心中―命をかけて守ったモノは何か？―	97
とんちんかん―音から考えると納得の語源―	98
くだを巻く―巻いた「管」とは何か？―	99
せっかく―ファッションリーダーの正体	100
目からウロコ―誰の目からウロコが落ちたのか？―	101
ひけをとる―「ひけ」って何のこと？―	102
いかがわしい―「いかがわしい」とはいかがなものか？―	103
辟易する―どうして「うんざりする」の意味を持つ？―	104
かかし―元祖は臭かった？―	105
湯船―お風呂に「船」がある理由―	106
斜に構える―縦でも横でもなくなぜ「斜め」？―	107
虫がいい―「虫」ってどんな虫？―	108
コラム2　そのまま英語で通じる日本語の語源 その1	109

第3章　聞いて納得！　目からウロコの語源

悪党―もともとは庶民の味方？―	112
めりはり―邦楽に由来する言葉―	113
優しい―本当の「優しい」人ってどんな人？―	114

豚に真珠―意外にも『聖書』が語源―	115
ポシャる―語源となった意外な衣類―	116
暖簾に腕押し―知れば知るほどシュールな語源―	117
黒山の人だかり―黒山の正体―	118
あっぱれ―貴族言葉を武士っぽくアレンジして生まれた―	119
大御所―人ではなく場所のことだった?―	120
おざなり―お座敷から生まれた言葉―	121
天職―もとは英語から?―	122
猿ぐつわ―なぜ「猿」でなくてはならないのか?―	123
彼氏―文才が生んだオシャレな言葉―	124
指切りげんまん―ちょっと怖い本当の話―	125
善玉・悪玉―「善玉・悪玉」とはどんな玉?―	126
イカす―あの有名俳優が名付け親―	127
ごねる―いろいろな言葉の組み合わせで生まれた言葉―	128
天王山―どうして京都の山が語源になったのか?―	129
所帯―江戸時代までは意外な意味だった?―	130
新巻鮭―どんな鮭なのか?―	131
くす玉―「中身」を知れば語源がわかる―	132
ゴキブリ―昔から迷惑なヤツに変わりない?―	133
ぼろ―見た目通りの語源―	134
台所―「台」って何の台?―	135
あこぎ―もともとは"美談"だった?―	136
ひょんなこと―「ひょん」とは何か?―	137
もぬけのから―「殻」から抜け出し「空」になる―	138
ギョッとする―「ギョッ」は単なる擬音語ではない―	139
へそくり―体の「おヘソ」じゃありません―	140
垢抜ける―抜けていくのは「垢」ではない?―	141
勝手―右と左、どっちの手?―	142
伊達メガネ―伊達政宗は関係ない?―	143
あばらや―「あばら」の状態とは?―	144
蛙の子は蛙―「蛙」じゃなきゃいけない理由―	145
孫の手―「子の手」ではダメなワケ―	146
ばね―外来語と勘違いするれっきとした日本語―	147
コラム3 そのまま英語で通じる日本語の語源 その2	148

第4章 さすが日本人！
　　　　遊び心が隠されたユーモアいっぱいの語源

うるさい―「うるさく」感じるのはどんな心理状態？― ················ 152
米―「米」に"こめ"られた意味とは？― ·································· 153
退屈―仏教用語が語源の言葉― ··· 154
所在ない―「所在」とはどんなところ？ ·································· 155
どんぶり勘定―「丼」とは関係ない？ ····································· 156
無茶苦茶―どんなお茶なのか？― ··· 157
すっぱ抜く―抜いたのは刃だった？― ···································· 158
こけんにかかわる―もともとは書類のことだった― ····················· 159
牛耳る―ちょっと生臭いその語源― ······································· 160
ぎこちない―「ぎこちない」って何がないこと？― ······················ 161
けれん味がない―「けれん味」ってどんな味？― ························ 162
大丈夫―どうして「大丈夫」なのか？― ·································· 163
ハッパをかける―「ハッパ」って何のこと？― ··························· 164
気色ばむ―「ばむ」の意味とは？― ······································· 165
いぎたない―「いぎたない」の「い」を漢字で書けますか？― ·········· 166
あられもない―お菓子や空から降ってくる「あられ」ではない？― ····· 167
真っ赤な嘘―嘘はなぜ赤い？― ··· 168
傍若無人―どんなヤツなのか？― ··· 169
せがれ―どんな息子を「せがれ」という？― ······························ 170
玉の輿―なぜ「玉の輿に"乗る"」というのか？― ························ 171
しがらみ―水の流れをせき止める柵のことだった？― ··················· 172
根回し―根回しの語源は植木職人？― ···································· 173
四苦八苦―合わせて何苦？― ·· 174
つっけんどん―「けんどん」とは何か？― ································ 175
がらくた―「がらくた」ってどんなゴミ？― ······························ 176
大盤振る舞い―振る舞った「大盤」とは何なのか？― ··················· 177
手練手管―吉原の遊女が語源の言葉― ···································· 178
なしのつぶて―「梨」と書くのに「梨」は関係ない？― ················· 179
ちょろまかす―負かす「ちょろ」とは何のこと？ ························ 180
お茶を濁す―素人がお茶を点てるとどうなるか？― ····················· 181
付き合い―どんな人の集まりを「付き合い」と呼んだのか？― ········· 182
くだらない―くだらない話が通じないその所以― ························ 183
冷たい―「冷たい」と痛い場所はどこか？― ······························ 184
お茶の子さいさい―「お茶の子」ってどんなヤツ？― ··················· 185

くわばら─どうして雷が鳴るとこれを唱える？─	186
お袋─母親をこう呼ぶのはなぜか？─	187
皮切り─お灸が語源になった不思議な言葉─	188
かわいい─今「かわいい」とは何なのか？─	189
がんばる─本当の「がんばる」って何だろう？─	190
大詰め─歌舞伎用語が語源の言葉─	191
あべこべ─「あべ」と「こべ」の組み合わせから生まれた─	192
本腰を入れる─武道がもとになった言葉─	193
おまけ─負けるのは誰だ？─	194
ひっぱりだこ─引っ張られるのは「凧」か「蛸」か？─	195
お釈迦になる─「お釈迦様になる」のにどうして使えない？─	196
へなちょこ─どんな「ちょこ」？─	197
ヘチマ─いろは歌が語源となった言葉─	198
ちんぷんかんぷん─言葉の由来も「ちんぷんかんぷん」？─	199
すっぽんぽん─本来は裸のことではない？─	200
べっぴん─「べっぴん」ってどんな品？─	201
コラム4　12カ月の和名の語源	202

第5章　うーむ、なるほど！
素朴な疑問がスッキリする語源

打ち合わせ─もとは何の「打ち合わせ」をしたのか？─	206
出世─偉いお坊さんになることだった？─	207
サラリーマン─語源はとある調味料？─	208
同僚─必ずしも仲間というわけではない─	209
天下り─本当はありがたい言葉だった？─	210
肩たたき─現代ではありえないその理由─	211
賄賂─本来「賄賂」を渡す相手は誰だ？─	212
腐れ縁─どうして腐っても切れない？─	213
にっちもさっちも─「にっち」と「さっち」ってどんな意味？─	214
もてあそぶ─他人は持って遊んじゃいけない─	215
ふしだら─「不＋しだら」から生まれた─	216
見合い─今とは形式の異なった昔の「見合い」─	217
にべもない─接着剤の原料としても使われたある生き物─	218
キセル─語源はポルトガル発カンボジア経由日本行き？─	219
リンチ─最初に「リンチ」をしたのは誰か？─	220
ネコババ─猫が隠している「ババ」とは？─	221

万引き—「万」は関係なかった？—	222
いじめ—昔は集団でやらなかった？—	223
足がつく—「手」ではなくて「足」の理由—	224
濡れ衣—どうして衣は濡れたのか？—	225
やくざ—163でも成立していた？—	226
八百長—最初に「八百長」をしたのは誰か？—	227
イチかバチか—2や7ではダメな理由とは？—	228
カモにする—鳥は鳥でもなぜカモなのか？—	229
思う壺—思う壺ってどんな"壺"—	230
下馬評—なぜ「馬」がいる？—	231
げんをかつぐ—かついだ「げん」とは何か？—	232
トランプ—日本でしか通じない「トランプ」のワケ—	233
鬼籍に入る—おとぎ話の「鬼」とは違う？—	234
茶毘にふす—「茶毘」とは一体何？—	235
水を向ける—もとは誰が誰に水を向けたのか？—	236
鎬を削る—「鎬」とは何のこと？—	237
へそが茶を沸かす—茶を沸かしたのはなぜか？—	238
爪に火をともす—「爪に火をともした」意外なワケ—	239
コラム5 近代の「名翻訳」「造語」の語源	240

第6章 デキる大人は知っている！
　　　　教養として身につけたい語源

ガッツ—チョー元気なのにはワケがある！—	244
エチケット—ワインのラベルを「エチケット」という理由—	245
ピンからキリまで—「ピン」と「キリ」はどっちが上？—	246
カステラ—ポルトガル発祥ではなかった？—	247
合羽—江戸時代から使われた当て字—	248
超ド級—「ド」が選ばれたのはなぜか？—	249
ハネムーン—「月」があるそのワケ—	250
ミイラ—腐らないその理由—	251
断末魔—語源を知るだけで叫びそうな「断末魔」の由来—	252
台無し—台が無くて困るのは誰か？—	253
こけにする—「苔」のことではない？—	254
観念する—世界に広まった仏教用語—	255
ほら吹き—「大ぼらを吹いた」のはお釈迦様だった？—	256
道化—仏の教えはお道化ながら説かれた？—	257

ガタピシ─音からではなく、もとは仏教用語─ ················ 258
おっくう─どんなときに「億劫」になるか？─ ················ 259
斟酌─語源を知れば意味も読み方もわかる─ ················ 260
おすそわけ─「裾」に込められた意外な意味─ ················ 261
もてなし─最初に「もてなした」のは誰か？─ ················ 262
おだて─もともとは「からかう」の意味だった？─ ················ 263
おくゆかしい─「奥の床」にいる上品な女性のことではない─ ········· 264
いびり─「じわじわ」がポイント。その語源とは？─ ················ 265
台風─明治時代までは違う呼び名だった？─ ················ 266
稲妻─「妻」が入っているその理由─ ················ 267
冬将軍─なぜ「将軍」なのか？─ ················ 268
お家芸─録音・録画がない時代だから生まれた言葉─ ················ 269
こぶしを回す─「こぶし」を漢字で書くと？─ ················ 270
自画自賛─誰が自画自賛をしたのか？─ ················ 271
スター─楽屋につけられた星印が語源？─ ················ 272
演歌─もとは過激な音楽だったその理由─ ················ 273
呉服─いわれてみればそのとおりの語源─ ················ 274
ジャージ─ある島が発祥だった？─ ················ 275
ジーンズ─アメリカ発ではありません─ ················ 276
タキシード─社交クラブから生まれた紳士な言葉─ ················ 277
ライバル─何をかけて争ったのか？─ ················ 278
ラグビー─学校の名前が由来となった言葉─ ················ 279
上前をはねる─「上前」とは何の前？─ ················ 280
水商売─「お酒を水で薄めるから」は俗説─ ················ 281
デカ─刑事のことをなぜ「デカ」と呼ぶ？─ ················ 282
まったり─言葉が全国区になったあるブームとは？─ ················ 283
二枚目─イケメンは１枚ではなくなぜ「２枚」？─ ················ 284
小股が切れ上がる─小股はどこのこと？─ ················ 285

DTP……エヌケイクルー
本文イラスト・カバーイラスト……松本圭司
※語源は諸説あり、本書には代表的な語源の説を掲載していることをお含みおきください。

普段から
よく使っている言葉の
意外な語源

―切れ者は一味違うその理由―

昔「丁」という名の料理人が1枚の刃物だけを使って王の前で牛1頭を見事にさばいてみせた。そんな『荘子』の「養生主篇」のエピソードがもとになっている。中国では台所のことを「庖」、刃物を略して「庖丁」と呼ぶようになった。漢字が「包」に転じて「包丁」となる。

食事に関する言葉　その①

◎まな板

昔は魚も野菜もまとめて「な」と呼んでいた。しかし、それではよくわからないので魚のことを「まな」と呼ぶようになった。「まな」を調理するための板で「まな板」である。

◎丼

江戸時代に、客への対応がつっけんどんな飲食店があった。そこで使う鉢のことを「けんどん振りの鉢」と呼び、それが詰まって「どんぶり」になったとされている。

—もとはお店側が使った言葉だった?—

　もとは想像のとおり「お愛想」。お客様が帰る際に「愛想がなくて申し訳ありません」と店主が声をかけたのが始まりだとされている。それが詰まって「愛想」だけになり、いつしか客が使うようになって「おあいそ＝お勘定」の意味になった。

食事に関する言葉　その②

◎(ご飯を)よそう

　漢字で書くと「装う」。もとは「支度をする、準備する」という意味で、ご飯をよそう際にもしっかりと準備する、そんな気持ちを込めた言葉だといわれている。

◎献立

　「献」はお客様にお酒を勧めることで、「立」は膳立てのこと（膳の上に食器や料理を並べる意）。つまり、もともとは料理を供する側の手順を意味するものであった。

― 意外にも敬意のある言葉です ―

「出前」の「前」とは「お前」のこと。「お前」のところに「出向く」から「出前」と呼ぶわけだ。何だか上から目線に響くが、もともとは「御前」という高貴な人への意味が込められた言葉である。当時なりの尊敬の念が表れているわけだ。

食事に関する言葉　その③

◎チップ

　「To Insure Promptness（迅速なサービスのために）」と書かれた箱を持ち、18世紀のイギリスのボーイが客席を回りお金を募った。その頭文字をとって「tip」になったとされている。

◎グルメ

　今でこそ食通を示す言葉だが、もとの言葉はフランス語で、「ワイン商人の召使い」を意味している。それがどうして食通に転じたのか、残念ながらそこは不明のままだ。

―ご馳走はなぜ走る?―

　漢字で書くと「御馳走」となる。「馳走」とは文字どおり、あちこちを走り回ること。お客様をしっかりともてなすためには走り回って料理を準備しなければならない。そんな様子が言葉に転じて、「ごちそう」と呼ばれるようになった。

食事に関する言葉　その④

◎肴（さかな）
　読みは「さかな」だが、「魚」のことではない。もとの意味は「酒の菜」。もちろん野菜だけでなく肉や魚も含まれる。むしろ肴によく使われるから、魚は「さかな」と呼ばれるようになった。

◎おやつ
　「やつ」は昔の午前および午後2時頃をさす「八つ刻（やどき）」のこと。まだ昼食の習慣がない時代、「八つ刻」にとる間食を「お八つ」と呼んだ。それが間食全般を意味するようになった。

―どうして米を「しゃり」という?―

　もとはサンスクリット語（南アジア）だが、漢字で書くと「舎利」となって、お釈迦様の遺骨のことを意味している。細かく砕いた遺骨が米に似ていたことから、このような呼び名になった。ちなみに古代インドでも米を「シャリ」と呼んでいた。

和食にまつわる言葉　その①

◎おむすび

　今では「お結び」だが、もとは「産霊」と書いた。これは天地を生み出す神を意味している。そんな神の前で手を打つ形に飯を結ぶ。気持ちを込めて結ぶべし、ということだ。

◎めし

　貴族の時代、召使いたちは主人が食べる高価な白米を「召物」と呼んでいた。「召し上がる」などにも通じる言葉だ。これが転じて白米を「めし」と呼ぶようになった。

―「切り身」なのになぜ「刺身」?―

「切り身」ではなく「刺身」と呼ばれる由来は、武家社会の忌詞(ことば)とされる「切る」の文字を嫌ったためというのが有力な説。使用される食材は生魚だけでなく、茹でダコや馬刺し、タケノコなど薄く切って調理するもの全般に用いられる言葉である。

―なぜ縁起がよい名前なのか?―

 これを考案した漬物屋・酒悦は上野・不忍池(しのばずのいけ)の近くにあった。不忍池は七福神の一柱・弁財天に縁があり、そこから名前を「福神漬け」にした。材料も律義に7種類使ったとされている。

和食にまつわる言葉　その②

◎缶詰
「缶」はオランダ語で「ブリキ製の容器」を意味する「kan」に由来している。「缶」に詰めるから「缶詰」となった。ちなみに、最初の缶詰は「いわしの油漬け」であった。

◎冷奴
「奴」とは大名行列の先頭に立って槍(やり)などを持つ役のことをいう。この奴が身につけた着物には大きな四角い紋所が描かれており、そこに豆腐のイメージが重ねられたわけだ。

―うな重と蒲焼の違いをいえますか?―

 焼いた香りの素早さから「香疾焼（かばやき）」とも呼ばれたが、語源は「蒲の穂」。口から尻尾まで1本の串に刺されている様子が似ているということで「がまやき」。それが訛って「かばやき」になったとする説が有力だ。

和食にまつわる言葉　その③

◎すき焼き
　農具の「鋤（すき）」を使って肉を焼いたのが起源といわれている。鋤を使った理由としては、肉食を忌む雰囲気のなか、いつも使用する道具を避けたい気持ちがあったためと考えられる。

◎天ぷら
　語源には数多くの説がある。主なものとして、調理するという意味のポルトガル語「tempero（テンペロ）」説、魚の揚げ物を食べる天上の日を意味する同じくポルトガル語の「temporas（テンプラス）」説などがある。

きんぴらごぼう

―有名な人物が語源になった?―

架空の人物ではあるが、金太郎で有名な坂田公時(さかたのきんとき)の息子、坂田金平(きんぴら)。金平は非常に屈強な人物として知られており、硬くて強いごぼうのイメージを最もよく表す炒め物に、その名前が冠されたと考えられている。

和食にまつわる言葉 その④

◎鉄火(丼、巻き)

マグロの赤から連想して「鉄火」との名前がつけられた、または賭博場のことを「鉄火場」といい、そこに集う荒くれ者たちにちなんだ、そんな2つの説が知られている。

◎寿司

語源は、酸っぱいを意味する「酸(す)し」。もともとは、魚などを発酵させた飯に漬け込んだものを意味する「鲊」や「鮨」という漢字が使われていた。「寿司」は江戸時代につけられた当て字。

― 意外にも"カド"を意味する言葉から ―

「～の側で作れるから」ではないかと思いがちだが、その由来は角を意味する「稜」である。これはソバの実が三角で鋭い突起があることから、「稜麦」といわれていたことによる。

和食にまつわる言葉　その⑤

◎そうめん

漢字で「素麺」と書くが、もとは「索麺」と書き、「さうめん」と読んだ。「索」には「ひもや縄をなう」の意味がある。江戸時代になり、一般に「そうめん」という呼び名が広まった。

◎たぬきそば

一般に天かすとネギだけがのったかけそばのことだが、地方によって違いがある。語源には諸説あり、天ぷらの「タネを抜いた」から「たねぬき」→「たぬき」となったという説がよく知られる。

―もとはお菓子の名前だった?―

　語源には諸説あるが、奈良時代に唐から伝わったお菓子の「餛<ruby>飩<rt>とん</rt></ruby>」に由来するという説が有力。これが煮て作るものであったことから「温飩」となり、それが「饂飩」と読まれるようになり、同じ小麦粉でつくる「うどん」をさすようになった。

和食にまつわる言葉　その⑥

◎豆腐
　食べ物なのに、なぜ「腐」という字がつくのか？　「豆腐」はもともと中国から伝わったが、その中国では「腐」という字に「ぶよぶよとやわらかい」という意味があるからである。

◎片栗粉
　「栗」とあるが、栗は原料ではない。もともと「片栗」というユリ科の植物の地下茎から作られたからで、この「片栗」という漢字は当て字。今では主にジャガイモのでんぷんで作られている。

あたりめ
―スルメでなくなぜ「あたりめ」？―

スルメイカを干したものなので「するめ」がオリジナルだが、「する」は「すり減る」を連想させ縁起が悪いことから、反対の意味の「当たり」に置き換えた、というのが語源だ。結婚式で「別れる」が禁句なのと同じイメージである。

和食にまつわる言葉　その⑦

◎きゃらぶき

漢字で書くと「伽羅蕗」。伽羅はサンスクリット語で「黒」という意味で、醤油で煮た蕗の色が黒かったことから、このような名前になったものと考えられている。

◎つくね

語源は、こねて丸めるという意味の「捏ねる」から。似たような料理で「つみれ」があり、魚肉を使ったものと思われているが、これは指で「摘み入れる」という料理法が語源である。

―実は中国発祥の調味料だった?―

　この調味料は西域(古代・中国の西側)で生まれ、奈良時代に朝鮮半島を経由して、製法と共に日本へと伝えられた。そのときに朝鮮語の呼び名である「密祖」も伝わり、漢字が変化するなどして今の「味噌」になったという説が有力である。

和食にまつわる言葉　その⑧

◎醤油
　「醤」は古語で「ひしお」と読んだが、そのルーツは中国語の「ジャン」であるとされている。味噌から染み出す「たまり」が醤からとる油に似ており、この名前になった。

◎みりん
　中国の「蜜淋(みいりん)」という酒が戦国時代に日本へ伝わり、その製法が改良されて「みりん」になったといわれている。蜜淋とは「蜜のような甘い滴り」という意味である。

― どうして犬が熱いのか？―

　もとは名前があったのか定かではないが、20世紀の初めにこの商品が登場したとき、とある客が「あれは犬の肉だ！」と風評を流した。それがここまで有名になるのだから、何が幸いするのかわからないものだ。

洋食にまつわる言葉　その①

◎ハンバーグ

　正式名称は「ハンバーグ・ステーキ」。その起源は18世紀頃のドイツといわれている。「ハンバーグ」は都市名「Hamburg」。つまりは「ハンブルグ風ステーキ」ということだ。

◎ピラフ

　発祥はインドともいわれるが、トルコ料理として有名だ。「煮た肉と米」という意味で、トルコ語もしくはペルシャ語では「プラウ」、「ピラヴ」と呼ばれていた。

―デザートだってグラタンになる理由―

　言葉の由来はフランス語。オーブンなどを使って、表面だけを少し焦がすように調理する。そんな調理法のことを「グラタン」と呼ぶ。だからデザートだってグラタンになるのである。

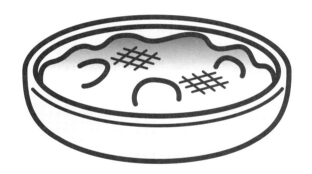

― 見た目も名前も完璧である所以 ―

「パフェ」の語源はフランス語で、完璧を意味する「parfait（パフェイト）」。日本に伝わったときは非常に高級なものとみなされ、まさに完璧なデザートであると考えられていた。そのような思いがそのまま名前になったのが「パフェ」なのである。

洋食にまつわる言葉　その②

◎ポンチ

こちらの語源はヒンディー語の「パンチ」。パンチとは数字の「5」を表しており、もとは酒、水、レモンジュース、砂糖、香料という5つの材料を用いたことからこの名前がついた。

◎ビール

由来はアメリカの「beer」ではなくオランダ語の「bier」。日本にビールが伝えられたのは推定17世紀の後半のこと。たしかにアメリカはまだ建国されていない。

―蒸して売るのになぜ「焼売」?―

　もともとは余った肉や野菜をまとめて団子にしたものを焼いて売っていた料理で、のちに量を作るため「焼き」の工程が「蒸し」の工程に変化した。昔の日本でグリンピースが乗っていたのは学校給食の影響で、見た目のよさ以外に数えやすさもあった。

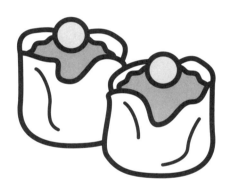

―かけ声だって名前になるのです―

大きく3つの説があり、うち2つは、蘭州（中国）の麺である「拉麺」「老麺」という名前に関わっている。もうひとつは札幌の竹屋という食堂で、中国人の料理人がかける「好了(ハオラー)」という掛け声。店主が気に入って麺の名前に採用したのだとか。

中華にまつわる言葉　その①

◎餃子

漢字は同じでも、中国での読み方は「ジャオズ」。焼きや蒸しに使われる餃子をこう呼んだ。日本に入って発音が訛り、今のような「ギョーザ」になったといわれている。

―地名がそのまま名前になった言葉―

　中国では地方によって名前が異なり、北方では「餛飩」、四川省では「抄手」、そして広東省、福建省、台湾では「雲呑」。最後の名前を日本では呼んでいる。

―お婆さんは関係ない？―

　漢字の「麻婆」はあばたのかみさんのこと。あばたとは「痘痕」で天然痘が治った後に残る肌のくぼみ。この料理が上手だった人の顔にはたくさんのあばたがあったことから、「麻婆」が作った「豆腐」料理で「麻婆豆腐」となったわけだ。

中華にまつわる言葉　その②

◎春巻き
　中国にはかつて、立春の時期になると旬の野菜を小麦で作った薄い皮に乗せて食べる風習があった。「春」に野菜を「巻く」から「春巻き」。実にわかりやすい名前だ。

◎唐揚げ
　もとの漢字は「空揚げ」であったといわれている。小麦粉を軽くまぶす程度で、衣をつけずにそのまま揚げる調理方法から、そのような名前がつけられた。

―「福」は当て字だった?―

　はじめは食べるとお腹がふくれることから「腹太餅(はらぶともち)」と呼ばれていた。それをお玉という女性が「大腹餅」として売り出したところ、同じ「ふく」なら「福」の縁起がよいということで、今のような漢字が使われることになった。

和菓子にまつわる言葉　その①

◎饅頭

　起源は中国・三国時代の諸葛孔明。南方に遠征した際、川の神に人の頭を捧げるという地元の風習を改めるため、羊や豚の肉を頭の形に丸め、代用したことに由来するといわれている。

◎きんつば

　形が刀の「鍔(つば)」に似ていたことからついた名前だが、最初は何と「銀鍔」であった。しかし金のほうが明らかに格上ということで今の名前に落ち着いたわけだ。

―「羊」が入っている理由―

「羊羹」のもともとは中国の「羹」。お菓子とは無縁の、熱い吸い物のことだ。中国では羊の肉を入れていたが、当時の日本は肉食を忌む文化があった。そこで小豆を代わりに入れて、茶道の発達などと共にお菓子へと変わっていったわけである。

和菓子にまつわる言葉　その②

◎どら焼き

漢字で書くと「銅鑼焼き」。形が楽器の「銅鑼」に似ていることからこの名前がついた。関西では三笠山に見立てて、「三笠山」と呼ぶ場合もある。

◎きんとん

漢字にすると「金団」。「金の団子」もしくは「金の布団」のような食べ物ということで、この名前がついた。小判や金塊のイメージから縁起がよく、おせちに加えられた。

―「煎」は後付けだった?―

　現在のような煎餅の初まりは「草加せんべい」で有名な埼玉県草加市。「おせん」という名前のお婆さんが、店の前を通った侍に団子を平らに焼くようアドバイスされたといわれている。「せん」の「餅」菓子で「せん餅」という実にシンプルな構図だ。

和菓子にまつわる言葉　その③

◎あられ
　奈良時代にはすでに名前が登場する。煎(い)るときに音を立てながら飛び跳ねる様子が、空から降ってくる「霰(あられ)」に似ていた。そこからこう呼ばれるようになったといわれている。

◎おかき
　これは鏡割に由来している。鏡餅を刃物で切るのは縁起が悪く、槌(つち)で割ったり手でかいたりしたことから、「かきもち」という名前が生まれた。それを干したものが「おかき」だ。

―語源はポルトガル語?―

このお菓子の由来はポルトガル語。「砂糖菓子」を意味するポルトガル語の「confeito(コンフェイト)」が訛って「こんぺいとう」になった。漢字はまったくの当て字で「金米糖」や「金餅糖」などと書かれることもあった。

和菓子にまつわる言葉　その④

◎おこし
約1000年前の辞書『倭名類聚抄』にもすでに記載が見られる「おこし」。貯蔵可能な保存食である「ほしいい(干飯、乾飯、糒)」が訛ったという説がいわれている。

◎かりんとう
「かりんとう」が日本に伝えられたのは安土桃山時代。その色が花梨の木の色に似ていたことから「花林糖」と呼ばれたという説が有力である。

おはぎ・ぼたもち

―季節によって名前が変わるのはなぜか?―

小豆の粒に包まれている、そんな姿が萩の花に似ているということから「萩の餅」となり、「おはぎ」へと変化していった。また「ぼたもち」のもとになっているのは牡丹。だから春は「ぼたもち」、秋は「おはぎ」と使い分けるのだ。

和菓子にまつわる言葉　その⑤

◎しるこ・ぜんざい
「しるこ」は汁粉餅が略されたもの。それを「ぜんざい」と呼ぶようになったのは、食べた僧侶があまりの美味しさに「善哉（サンスクリット語で素晴らしい）」と称賛したから、といわれる。

◎もなか
　江戸時代にこれを最初に作った竹村伊勢というお店が、満月に見立てて「最中の月」と名づけたのが始まりだ。ちなみに最中の月とはいわゆる中秋の名月のことである。

大学芋

―出身大学はどこ？―

大学の前にあった芋屋で売っていたものが学生の間で人気となって大学芋と呼ばれるようになったという。その大学は東京大学と早稲田大学の2説があるほか、神田周辺の学生が好んだ説や学生が販売していた説など諸説入り交じっている。

―「ヤブ」とは何か?―

「ヤブ」を漢字で書くと「野巫」となる。つまり田舎の巫女のように知識もない人間が、まじないのような治療を行うことを批判して「ヤブ医者」という言葉が生まれたという説が最も有力である。善良な巫女にはただただ迷惑な話だが。

生活に関する言葉　その①

◎十二指腸
　十二指腸は、胃から小腸につながる部分。文字どおり人間の指を横に12本並べたほどの長さということから名づけられた。実際の長さは約30センチほどなので、指12本よりは少し短い。

◎ガーゼ
　誰もが子どものころによくお世話になった白い薄布。語源は、明治時代に入ってきたドイツ語「Gaze」。パレスチナの「Gaza」という町でガーゼが作られたことに由来するといわれる。

匙(さじ)を投げる

―どうして「匙」を投げたのか?―

「匙」とはスプーンのことだ。かつて医者は薬を調合する際にスプーンを用いた。そんな大切なスプーンを投げ出すということは治療をあきらめたも同然。もうどうにもならないときの対応を意味する言葉へと広く派生していった。

第1章 普段からよく使っている言葉の意外な語源

―語源は木靴だった?―

　もとは日本語ではなく、フランス語の「サボタージュ」。労働争議の際の戦術のひとつであった。さらに遡ると「木の靴」を意味する「サボ」。木靴では仕事の能率が上がらないから、というのが「サボタージュ」に転じた有力な説になっている。

生活に関する言葉　その②

◎ボイコット
　「不買同盟」や「参加を拒否する」意味の英語「boycott」が由来である。この英語の語源は、19世紀末のアイルランドで小作人の同盟から排斥(はいせき)されたボイコット大尉にあるといわれている。

◎カンニング
　語源は「ずる賢い」「狡猾(こうかつ)な」という意味の英語「cunning」であるが、実はその言葉に試験での不正行為の意味はない。明治時代に学生たちが隠語として使ったのが始まりとされる。

― ヤマは「山」でもどんな山? ―

「ヤマ」とは「山」のことだが、もっと具体的には「鉱山」を意味している。今とちがって土の中のことはわからない。鉱山を掘り当てることは非常に大きな賭けだった。それが転じて現在のような意味で用いられるようになった。

生活に関する言葉　その③

◎ヤマカン

「山師の勘」という説もあるが、武田信玄の参謀・山本勘助(かんすけ)に起源を求める説も。勘助があまりに計略にすぐれているので、このような意味になったといわれている。

◎虎の巻

教科書をわかりやすく解説したものや秘伝の書などをいう。中国の兵法書『六韜(りくとう)』の中にある、主に戦略や用兵の奥義がまとめられた「虎韜の巻」を略したものといわれる。

玄関

―風水で重要視されるその理由―

本来の意味は仏教用語に由来している。「玄」は「奥深い」、そして「関」は「入り口」。つまり奥深い修行の世界への入り口が「玄関」だったわけである。最初は寺院の入り口だけをそう呼んでいたが、やがて民家にも使われるようになった。

―「団」に込められた意外な意味―

 もともとの漢字は「蒲団」。「蒲」とは植物の「がま」のことで、「団」は「丸い」という意味だ。つまり、蒲で作った丸いものが「蒲団」ということになる。当時の蒲団は座布団で、だから円形が正しかったわけである。

生活に関する言葉　その④

◎枕

 もともとは「魂蔵」や「真座」などと呼ばれ、「魂が収まる蔵」「神が座る場所」という高貴な意味があった。古くは枕も高貴なもので、装飾なども派手であった。

―思わず出る声が語源ってホント?―

　赤ちゃんがうんこをするとき、たいていは「ウーン」といっていきむ。その声に幼児語である「こ」をつけたから「うんこ」。赤ちゃんにかぎらず、排泄時にいきむのは自然のことで、そうすればスッキリ出すことができる。見事な言葉だといえる。

体にまつわる言葉その①

◎おしっこ
　語源は定かではないが、出るときの「シャーッ」という音が関係している可能性が考えられる。赤ちゃんに「シーッ」と声をかけるところは、「うんこ」の場合とよく似ている。

◎おまる
　これを漢字で書くと「虎子」となる。しかし、その語源はうんこやおしっこを「放る」にある。これに丁寧語の「お」がついて「おまる」という名前が定着した。

―「なら」とはどんな意味?―

　もとは「しゃもじ」や「おひや（水）」などのように宮中の女官たちが使った女房詞。語源は「鳴らす」の「なら」に接頭語の「お」をつけたもの。一般庶民は「屁」といっていた。「おなら」は音がするもので、「屁」はしないものをさすことが多い。

―「百回繰り返すから」は俗説―

　一度出るとなかなか止まらないしゃっくり。もとは「くり抜く」という意味の「さくる」であるといわれている。くり抜かれたような音がするから、あるいは、腹のなかがくり抜かれた感じがするから。2つの説が存在している。

体にまつわる言葉　その②

◎くしゃみ
　くしゃみをすると、鼻から魂が抜けると考えられていた中世。早死にを避けるために唱えられた呪文が「くさめ」。他の説としては「くそ食らえ」を意味する「くそ食め」といわれている。

◎アレルギー
　語源はギリシャ語の「allos（変わる）」と「ergo（力、反応）」。疫を免れる免疫反応がかえって人体にとってマイナスに働く＝有害な反応に変わる、という意味の造語が「アレルギー」である。

―「ゴーッ」と鳴るいびきの正体―

　周囲の人たちも迷惑するいびき。その語源は、「息を引く」という意味にあるといわれている。たしかに、「グーッ」や「ゴーッ」という音は、息を思いっきり引き込んでいるようにも聞こえる。自分のいびきで自分が目を覚ます、なんて人もなかにはいる。

体にまつわる言葉　その③

◎あくび
　もとは『枕草子』にも見られる動詞の「欠ぶ」。意味は定かではないが、「開く」と関連しているという説も。ここから口を開ける「欠伸」のイメージにつながっていったと考えられる。

◎よだれ
　もとは「よ＋たり」。平安時代に「よだれ」が定着した。「よ」とは「緩む、弱くなる」の意で、口が緩んで唾が「たれる」。文字どおりの様子を表したものである。

―よく聞くが意外と知らない本当の意味―

「焼き」とは鍛冶仕事の言葉で、刀などを鍛えるために火を入れる、そのことを意味している。しかし、焼きは加減が難しく、火を入れすぎるとかえって弱くなる。それを老化になぞらえて、弱くなることを焼きが回ったと表現したのだ。

思わず納得しちゃう語源　その①

◎焼きを入れる

焼きを入れるのは、上で見たとおり刀などを鍛えるためだ。これが転じて、今一歩な人に喝を入れてしっかりさせる、そんな意味になっていったと考えられている。

◎苦肉の策

「苦肉」はもともと「敵を欺くために自分や味方を苦しめる」という意味。「三十六計逃げるに如かず」の語源である中国の兵法書『兵法三十六計』の第三十四計「苦肉計」が語源ともいわれる。

―三唱したのはなぜか?―

　古くから中国で使われた言葉で、万年＝いつまでも長生きすることから繁栄を願う意味で用いられる。ちなみに万歳三唱するようになったのは明治時代のこと。1回では物足りないということで三唱するようになった。

思わず納得しちゃう語源　その②

◎月並み
　もとは「毎月」という意味。毎月句会を開く人たちの句が陳腐だと批判した正岡子規がそれを「月並調」と表現したことに由来して、今のような使われ方へと転じていった。

◎めど
　古くは「針孔」と書いたとされている。小さな針孔を狙って糸を通す。そのことから転じて、目当て、見当、目標などを表す際に「めど」という言い方がされるようになった。

火中の栗を拾う

―火に飛び込んでまで栗を拾ったのは誰か?―

フランスの詩人ラ・フォンテーヌの作品『猿と猫』から。猿におだてられた猫が火の中で焼ける栗を拾おうとしてひどい火傷を負ったという話。ここから他人のために危険を冒す行為のことを「火中の栗を拾う」と呼ぶようになった。

思わず納得しちゃう語源　その③

◎やけ

今は漢字で「自棄」だが、もとは「焼け」であった。胸を焦がす思いが強すぎて「焼け」てしまい、「もうどうにでもなれ」という気持ちへと変化する、その様子を表したものだ。

◎皮肉

もとは達磨(だるま)大師の言葉とされている。物事の本質を理解しない弟子に「お前が理解したのは皮や肉だ」といった。そんなお小言が現在の「皮肉」という言葉の意味に転じている。

流石(さすが)

―夏目漱石のペンネームと同じその由来―

中国六朝時代の孫楚(そんそ)という人物が「石に枕し流れに漱(すす)ぐ」というべきところ「流れに枕し石に漱ぐ」といった。しかし、このときの言い訳が見事だったことから「流石」が生まれた。夏目漱石というペンネームの由来がこの故事にあることも有名だ。

思わず納得しちゃう語源　その④

◎結構

「構」とは建物や文章の組み立てのこと。元来はそれらの造りが見事だという意味で使われていたが、時代と共により広いものを評価するときに用いられるようになっていった。

◎圧巻

「巻」とは実は答案のこと。中国で行われた科挙という試験で他を圧倒するような答案のことを「圧巻」と呼び始めた。それが広く使われるようになったのが現在だ。

―もとは押し分けて前に出ることだった?―

 もともと「挨」は「背中をたたく」「おしあう」、「拶」は「せまる」の意味。つまり「挨拶」とは大勢の人を押し分けて前へと進むこと。それが禅の問答で意味が変わり、「相手の様子をうかがう」という今のような意味になった。

知って得する挨拶の語源　その①

◎ただいま
 正式には「只今帰りました」。「今しがた戻りました」という意味になる。ここから転じて「今すぐ」という意味でも使われるようになったわけである。

◎おかえり
 こちらは「ようこそお帰りなさいませ」が正式な表現。これが転じて「お帰りなさい」になり、さらに省略されて今のような形になった。命令の意味はまったくない。

おはよう

―実は昼でも夜でも使えた万能言葉―

語源をたどると「お早く」に行きつく。これが転じて「おはよう」となった。よって、朝とは一切関係がなく、一部の業界の人たちのように夜に使うことも本来は不自然ではないのだ。

知って得する挨拶の語源　その②

◎こんにちは

漢字で書くと「今日は」。「今日の調子はどうですか？」のような意味で使われていた。昼間使うことが多かったので、昼の挨拶として定着したというのが真相だ。

◎いただきます

漢字で書くと「頂く、戴く」。頭の上に掲げるという意味が含まれている。神仏に供えた食物を頭上に掲げて戴くようにして食した。そんな敬意を払う伝統から生まれた言葉なのである。

―江戸時代の武家言葉が語源―

　もとをたどれば江戸時代の武家言葉「左様ならば」となる。これを現代風にいえば「じゃあ、そういうことで」。普通の別れの挨拶である。やがて「ば」がとれて「さようなら」へ。そう考えると妙にうなずけるところがある。

知って得する挨拶の語源　その③

◎あばよ

　昔「さようなら」の意味で使われていた幼児言葉に「あばあば」というものがあった。それが転じて「あばよ」になったわけである。大人が使うのはちょっと恥ずかしいかもしれない。

◎さらば

　基本的には「さようなら」と同じだ。「それならば」を意味する言葉が「さらば」。別れの挨拶に転じたのは中世以降（鎌倉時代から戦国時代）であるといわれている。

―どうして電話の始めにこういうか?―

　意味不明と思いがちだが、もとをたどれば「申す申す」。日本に電話が導入されたとき、英語の「ハロー」に当たる言葉を何か用意しようとして、議論した結果が「申す申す」になった。それが転じて「もしもし」になったわけである。

知って得する挨拶の語源　その④

◎あかんべい
　語源を漢字で書くと「赤目」になる。下まぶたの裏の赤い部分を見せることから「めあかる」。それが「めあかう」→「あかべ」→「あかすかべ」と転じて、「あかんべい」になった。

◎べっかんこ
　こちらの語源を漢字で書くと「目がご」になる。「がご」とは「化け物」の意味で、目を使って化け物のような表情を示すことから、このような意味が生まれたとされている。

―実は格調高い言葉なのです―

　もともとは仏教用語で、「道楽」とは「仏の道を悟った楽しみ」を意味していた。それがやがて趣味の楽しみまでをも表すようになり、さらに「度を越して放蕩を繰り返す」という現在にも通じる意味へと転化していったわけである。

たくさんある悪口表現　その①

◎成金（なりきん）
　もともとは将棋の言葉で、駒が敵陣に入って「金に成る」との意であった。そんな急激に強さが増す様子から、「急に金持ちになる」という現在の意味へと転じていくことになった。

◎横柄
　語源は「押柄」を音読したことに由来している。「押柄（おしから）」とは「押しの強い人柄」という意味で、さらに強引な様子を表す「横」が使われるようになり、今の「おうへい」になった。

―「おてんば」とはどんな姿?―

漢字で書くと「御転婆」。「転んだ婆は手に負えない」との意味が転じたという説もあるが、オランダ語の「手に負えない」にあたる「ontembear（オンテンバール）」が語源であるという説のほうが有力とされている。

たくさんある悪口表現　その②

◎じゃじゃ馬
もともとは「はね馬、あばれ馬」の意味であったが、それが「あばずれ女」を表すようになり、最終的に「わがままで扱いにくい女」という意味に転じていった。

◎かまとと
かまぼこを略した「かま」と魚をさす幼児語「とと」が一緒になった言葉。かまぼこが魚でできているのを知っているのに「ととなの？」と聞くことを初心を装う女性にたとえたもの。

―もとは江戸の遊郭で使われていた言葉―

　漢字で書くと「気障」となる。しかし、もともとの意味は「気に障る」ということではなく、「心配」を表す「気ざわり」であった。現在の意味に転じたのは、江戸時代の遊郭で女郎が男性客に使っていたのがはじめといわれている。

たくさんある悪口表現　その③

◎**はったり**
　諸説あるが、賭博場で「張ったり、張ったり」といって客を集めたことが由来のようだ。たしかに客寄せならば大げさになるのも仕方のないところ。

三日坊主

―どうして「坊主」なのか?―

昔は生活に困ったりしたときにはお寺に逃げ込み、坊主になろうとした。しかし、そのような人たちは厳しい修行に耐えきれず、3日間ほどで逃げ出すことが多かったことから生まれた言葉。昔の人も3日の辛抱はきつかったようだ。

―何を確認したかったのか?―

　昔の交通機関といえば舟や駕籠、あるいは馬。船頭や駕籠屋、馬方といった人たちは旅人の足もとを見て疲れ具合などを確認し、値段のつり上げなどを行っていた。相手の弱みにつけこむこうした態度が、今の意味へと至っているわけである。

たくさんある悪口表現　その④

◎片腹痛い
　もともとは「傍ら痛し」で、「傍で見ていて痛々しい」という意味であった。それを「片腹」としたのは明らかに誤用であり、腹との関係は一切ない。

◎鼻持ちならない
　「ならない」はもちろん「できない」の意味である。「鼻持ち」とは「鼻を向ける」。だから、「臭いが我慢できず鼻を向けられない」、それが転じて今の意味に至ったものとされている。

ひやかす

―冷やかしたかったのは何?―

もとになっているのは江戸時代の紙すき職人。彼らは原料を水につけて冷やしている間に遊郭へ出かけた。しかし、遊ぶのではなくただ時間つぶしに眺めるだけ。そこから現在のような意味へと転じていった。

たくさんある悪口表現　その⑤

◎からかう

漢字で書くと「揶揄う」だが、その意味は「争う」であった。「絡む」の「から」と同じで、相手に絡んでいく意味があったものと推測されるが、揶揄する意味に転じた経緯は不明だ。

◎ポンコツ

「げんこつ」を聞き間違えたという説と、「ポン」と「コツ」という音の組み合わせという2つの説がある。元来はげんこつで殴る意味があったとされ、前者が有力といわれている。

―なぜ急いだのか?―

　この言葉の語源は「急き勝ち」。漢字が表すとおり急いで相手に勝とうとする姿勢のことを意味している。それが訛って「せっかち」になった。急いだところで勝てる保証はないのだが、それも人間の性ということだろうか。

たくさんある悪口表現　その⑥

◎のろま
　語源は人の名前から。野呂松勘兵衛の操る滑稽な人形劇が由来となっており、動きの悪い人間を表す人形を「のろまつ人形」と呼んだ。それが略されて「のろま」になったわけだ。

◎ずぼら
　「坊主」を逆にした「ずぼう」が訛ったという説。そして、大坂堂島の米相場がずるずると下がっていく様子を表したという説の2つがある。

―縁起が悪い意味に転じたその所以―

「けち」は古くから存在する言葉で、「怪」や「怪事」が訛ったものといわれている。つまり、不思議なものや怪しいもののことをさしていたわけで、そこから縁起が悪い意味に転じていったと考えられている。

たくさんある悪口表現　その⑦

◎バカ

中国の故事で、秦の趙高という人物が「鹿」を指して「馬である」といったエピソードがもとになっている。ちなみに、正確に鹿といった部下は全員趙高に殺されてしまったとのこと。

◎ヘボ

漢字で書くと「下濁、下手」。つまり、物事が上手にこなせないダメな奴ということだ。ちなみに「へぼい」とは、へぼが形容詞化されたもの。

いいかげん

―どの程度のことなのか?―

もとは「良い加減」という意味だったのだが、次第に物事の中間である点が強調されるようになり、「中途半端」などといったネガティブな意味へと転じていった。

—「ろく」がないってどういうこと?—

「ろく」は、漢字で書くと「陸」になる。陸とは土地などが広く平らな様子を表す。平らに整地されていない土地には使い道がない。そんなところから「ろくでなし」という言葉が生まれた。

たくさんある悪口表現　その⑧

◎べそをかく
「べそ」とは「へそ」ではなく、押す意味の「圧す」という動詞。口をへの字につぐんだ様子を「圧し口」といい、それが訛って「べそ」になった。

◎しみったれ
「しみ」とは「惜しみ」のことで、必要な出費や他人へのお祝いなどを拒むけちん坊を意味している。そんな様子を「しみたれる」といい、それが訛って「しみったれ」になった。

―どうして「馬鹿者」の意味を持つ?―

　語源を漢字で書くと「戯ける」となり、「ふざける、馬鹿なことをする」という意味になる。他方、「田分け」とする説も存在し、先祖代々受け継いできた田畑を分割するのは愚か者のすることだ、という意味があるといわれている。

たくさんある悪口表現　その⑨

◎ちゃらんぽらん
　江戸時代にできた言葉でチャルメラに由来するという説があり、わけがわからない音色からきている。鈴の音という説もあり、こちらは場の空気を読まずに鈴を鳴らす愚かさという意味だ。

―どんな箱なのか?―

　もとは「お祓い箱」と書いて、伊勢地方で配った厄よけのお札が納められた非常にありがたい箱のことを意味していた。しかし、毎年新しい箱が配られるので古い箱はいらなくなる。そこから現在のような意味に転じていったものとされている。

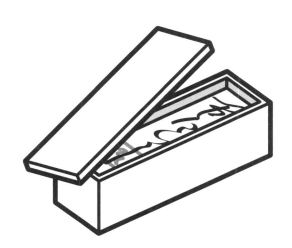

コラム 1　ケンミンも知らない名前の由来

都道府県名の語源

北海道=「蝦夷」の音読みである「カイ」を「加伊」という当て字にした案から「北海」と改め、五畿七道を参考に東海道・西海道・南海道から存在していない北を用いて「北海道」と命名された。命名者は北海道に入植した探検家である松浦武四郎。

岩手=盛岡市の所属郡名の「岩手郡」に由来し、かつて悪さをして三ツ石様に懲罰された鬼が二度と悪さをしないように岩の上に手形を残したという故事から採られたという。三ツ石様を祀る三ツ石神社には「鬼の残した手形の岩」が今も実在している。

静岡=廃藩置県にるよ改名で「賤機山の丘陵」にちなんで「賤ヶ丘」とされたが、「賤しい」という文字を嫌って「静」を用い、「静岡」になったという。コナミのホラーゲーム『サイレントヒル』の名称は、この「静岡」の直訳が元ネタ。

愛知=万葉集の「桜田へ鶴鳴き渡る年魚市潟潮干にけらし鶴鳴き渡る」の歌に詠まれている「年魚市潟」の「あゆち」が「あいち」に転じたもの。尾張や三河といった複雑な歴史を歩んだ土地を合

わせたため、廃藩置県直後は 2900 を超える町村が存在していた。統廃合で現在は 54 市町村にまとめられている。

三重＝ヤマトタケルの東征(とうせい)の帰りに四日市周辺で疲労の余りに発した「吾が足は三重の勾(ま)がりの如くして甚(はなは)だ疲れたり」の「三重」に由来。ヤマトタケルの東征は『古事記』と『日本書紀』の両方で書かれているが、「三重」の由来は『古事記』のほうから。

滋賀＝大津市に属していた群名「滋賀部」が由来。「滋賀」の語源は諸説あるが「石が多い場所」を表す「石処(しか)」が変じたものというのが有力。近江国とほぼ同じ土地が当てがわれており、昔から交通の要衝として「近江を制する者は天下を制す」の言葉どおり、幾度も戦乱に巻き込まれた。

香川＝香川の山奥に流れる「樺川(かばがわ)」の川の水が樺の良い香りがしていたことから「香川」と呼ばれたのが由来。うどんで有名な香川県その一帯は過去に「讃岐」と呼ばれており、その讃岐の呼び名は『古事記』や『万葉集』などにも見られるほど時代を経てきた言葉である。

高知＝県庁所在地の名称そのままに由来する県名。「高知」の語源は大高坂山(おおたかさかやま)に築城された「高知城」で、もとの「大高坂山城」から「河中山城」に改名し、さらに二度の水害から「河」の字を嫌って「高智山城」と改名。さらに「山」が略されて「高智城」→「高知城」となり、城下の町名も「高知」に変化していった。

鳥取＝水鳥を捕まえていた「鳥取部(とっとりべ)」が住んでいたため、この地域を鳥取と呼んでいたのが由来。砂丘で有名だが奈良時代などの頃は湖や沼も多かった模様。一度は島根県に統合されたものの、住民の声で再び鳥取県は産声を上げた。両県の仲が悪い印象なのは統合のせいかどうかは定かではない。

大分＝狭い平野地域に敷き詰められた「多き田」から「大分」と変化したという説と『豊後国風土記(ぶんごのくにふどき)』で景行天皇(けいこう)が名付けた「碩田国(おおきたのくに)」を由来とする説の2説が有力。有名な温泉処の名を聞くのもそのはず、実は源泉数も湧出量も共に日本一だったりする。

熊本＝もとは「隈本」と呼ばれていたものを加藤清正が「隈」のなかにある「畏」の字が武将の居城(きょじょう)に相応しくないとして「熊」を当てたものに由来。阿蘇山を含む巨大な山地を擁し、その豊富な水源は70万の人口を超える熊本市の水道水のすべてを地下水で賄えるほどである。

第 2 章

「ウソ！ 本当？」ついつい誰かに話したくなる語源

―どんな時に「我慢」したのか?―

　もともとは仏教用語で、「自我に執着しておごりたかぶること」という意味で使われていた。執着する様子が人に弱みを見せないという耐え忍ぶ姿に見えるため、近世後期頃より、現在使われている我慢の意味へと転じたと思われる。

考えてみると、ちょっと不思議な日本語　その①

◎丁寧
　もとは中国の楽器の名前。敵に対する警戒や注意のために鳴らす楽器を「丁寧」といった。そこから注意深さを表す意味に転じていったものと考えられている。

◎まじめ
　漢字の「真面目」は当て字。「まじ」は、目をしばたたかせる様を言い、「め」は目のこと。そうしたときの真剣な表情から、本気さや誠実さを意味するようになった。

―「几帳面」の「面」は何の面？―

「几帳」とは奈良時代から使われるようになったカーテンのこと。台の上に2本の柱を立て、そこに横木を通して帳を垂らす。柱の角に精巧な細工が施されていたことから、その面を「几帳面」と呼び、人の性格を表す意味に転じていった。

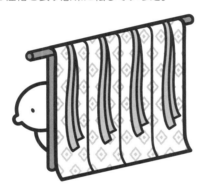

考えてみると、ちょっと不思議な日本語　その②

◎一生懸命（一所懸命）

もとは「一所懸命」のほう。鎌倉時代の武士が与えられた領地を命がけで守る、その様子を表したものだった。それが「一生をかけて守る」に転じ、今へと受け継がれている。

◎羽目を外す

ここでいう「羽目」とは建物の外壁に張った「羽目板」のこと。それを外すと内外の区別がつかなくなる、そこから度を越した行いのことをこう呼ぶようになったという説が有力である。

― 上には上があるのでは？ ―

　もとは仏教用語。欲にまみれた現世は「欲界」、欲は消えたが肉体が残る「色界」、物質すら存在しない「無色界」の領域に分けられる。色界の一番上を「有頂天」と呼び、そこに上り詰めること、さらにそのときの気分へと意味が転じていった。

―もとは相撲界に由来する?―

相撲界の隠語である「ハーチャン」。これは頭の悪い人をさす言葉だが、それに語呂のよい「ミーチャン」をつけて下世話なことに夢中になっている様子を揶揄した。やがて2つの「チャン」が取れ、今の「ミーハー」という形に落ち着いた。

考えてみると、ちょっと不思議な日本語　その③

◎アイドル
語源となっている英語の「idol」には「偶像」「崇拝される人」「熱狂的ファンを持つ人」という意味があり、人を表す意味だけが現代の日本に広がった。

◎流行
もとは漢語で、「川が流れるかのように物事が世間に広まること」を意味した。日本においては動詞の「はやる」と混同され、さらに俳諧の世界で「スタイルが変化していくこと」へと転じた。

―実は平安時代から存在する言葉―

　誰かを特別にいつくしんで愛するとき、かつては「蝶よ花よ」という表現を用いていた。それが転じて「ちやほや」になり、「おだてる」「子どもを甘やかす」などの意味が加えられた。

考えてみれば、ちょっと不思議な日本語　その④

◎素敵
　本来の漢字は「素的」。「素」とは「素晴らしい」をかなり大胆に略したものであり、そこに「的」をつけることで、トータル的に「ステキ」なものを表そうとしたわけである。

◎ピカいち
　語源は花札の手役のひとつ。7枚の手札のなかで1枚だけが光り物（20点の札）、それ以外はすべてカスか柳（雨）で、1枚だけが輝いているという意味でこの名前がついた。

―なぜ青ではなく赤なのか?―

「他人」はわかるが「赤」とは何か? もとは仏教用語の「閼伽(あか)」に由来する。「閼伽」は仏前に備える浄水のことで、さらにサンスクリット語の「アルガ」に遡(さかのぼ)り、「水のように冷たい人」という意味に転じていったわけである。

考えてみれば、ちょっと不思議な日本語　その⑤

◎しらける

語源である「しらく(白)」は物事が白くなるという意味。そこには「明白になる」という意味も含まれる。真相がわかってしまえばつまらない、だから「しらける」ことになるわけである。

◎ないがしろ

人を無視する、軽んじるという意味で使われる言葉だが、もとは「無きが代」という言葉が転訛したものだ。「代」は「身代金」などのように、ある物の代わりとして出される金品のこと。

― つまった「せっぱ」とは何?―

　漢字で書くと「切羽」。いわゆる日本刀のつばのことだが、それが詰まると刀が抜けない。武士にとってはまさに危機的状況を表している。また、太刀をつばで受け止めるとき、失敗すると死んでしまう、そこから危機を表す意味に転じたという説もある。

考えてみれば、ちょっと不思議な日本語　その⑥

◎一大事
　仏教用語で「一大事」とは、3000年に1度だけ花が開く優曇華のように大変なことを意味していた。本来は軽々しく使ってはいけない言葉だったのである。

◎火の車
　もとになっているのは地獄にあるとされる「火車」。まさに地獄の苦しみに匹敵するほどの経済的困窮を表すために、このような表現が用いられた。

―語源は「やばい」ほどに品がない?―

もとになっている言葉は「具合が悪い」ことを表す形容動詞の「やば」。それが形容詞化して「やばし」、さらい「やばい」へと転じていった。江戸時代ではやくざなどが使う言葉であったため、当時はかなり下品なものだと考えられていた。

―「どさ」とは意外にもあの地名―

「どさ」とは「佐渡」をひっくり返したもの。慶長時代、佐渡に金山が発見され、たくさんの罪人が坑夫として送り込まれた。そのような、人があふれて混雑する様子から「どさくさ」という表現が生まれたとされている。

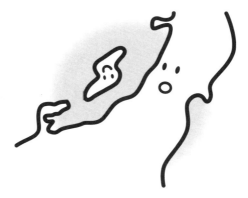

考えてみれば、ちょっと不思議な日本語　その⑦

◎油断
　インドの暴君が油の満ちた鉢を持たせ「一滴でもこぼせば命がない」と脅したとする故事、もしくは、ゆったりした様子を表す古語「ゆたし」。この2つが語源として有力だ。

◎たまげる
　驚いて玉を蹴る…という語源だと思いがちだが、「たま」は「魂」のことで、「げる」は「消える」が縮まったもの。すなわち、魂が消えるかと思うほど驚いた、という意味である。

―「何が」かったるいのか?―

「面倒くさい」「だるい」などを表す言葉だが、「だるい」はもとからあったとされている。以前は腕のことを「かいな」と呼んだので、腕が上がらないほどだるいことを、「かいなだるい」といい、それが転じて「かったるい」になったとする説が有力だ。

考えてみれば、ちょっと不思議な日本語　その⑧

◎とばっちり

もとになっているのは「迸る（ほとばし）」。「ほと」には陰部の意味があり、そこから迸るおしっこ。それが勢い余って他人にかかってしまう、まさにはた迷惑な話である。

◎うなだれる

漢字で「項垂れる」と書くように、「うな」は首や首の後ろを表す「項（うなじ）」のことで、それに「垂（た）る」がついた言葉。もとは「うなだる」であったが「うなだれる」となった。

―最初に「ちょっかい」を出したのは猫だった?―

「いらぬおせっかいを焼くこと」という意味だが、その由来は猫が前足をちょこちょこと出して物をかき寄せようとする、その様子を表したものだといわれている。たしかに、そんな動作でおせっかいを焼かれたら面倒なことは必至だ。

考えてみれば、ちょっと不思議な日本語　その⑨

◎おせっかい
「節介」とは固く節操(せっそう)を守るという意味であり、当て字であると考えられる。もとは「切匙、狭匙」で、匙(さじ)でするように他人の内面をかき出すことを表したとされている。

◎やっかい
漢語の「厄会」＝災いとのめぐり合わせとする説、あるいは、「家居(やかい)、家抱(やかかえ)」＝家長が面倒を見る居候の親族とする説、2つの説があり、いまだ定まってはいない。

―本来軽々しく使うのは厳禁です―

漢字で書くと「有り難い」。文字どおり「めったにないこと、きわめて珍しいこと」を意味する言葉で、だからこそ感慨や感謝、感動をもって接したわけだ。「有り難く存じます」の後半がとれてそのまま動詞化し、現在へと至っている。

知らずに気軽に使っている日本語　その①

◎おかげさま
漢字で書くと「御陰様」。「陰」とは「神仏などの陰でその庇護を受ける」という意味。それに「御」と「様」がついて、非常に丁寧な表現になったということである。

◎恩に着る
ここでの「着る」は負担になるような物事を自分の身に引き受けるという意味。したがって「恩に着る」とは他人の恩を受けてありがたく思うという意味になる。

―実は多様性社会のさきがけだった?―

もともとの意味にしたがい漢字で書くと「若気る」になる。これは当時の同性愛者に由来しており、男性が男性を好む趣味をそのように呼んだ。ここから転じて「なまめかしさ」の意味を含み、そのような振る舞いを「にやける」と呼んだ。

知らずに気軽に使っている日本語　その②

◎にやつく

これも「若気」に由来しており、「なまめかしい表情を浮かべる」ことを「にやつく」といった。同性愛差別のなかで、悪い意味を含むようになった。

◎にやにやする(笑う)

同じく「若気」に由来している。「なまめかしく笑う」ことが「にやにやする」の意味になる。ネガティブな意味が持たされたのは上に述べたとおりだ。

―アジでもタイでもなくなぜ「サバ」なのか?―

「サバ」はもちろん魚の鯖で、「読む」とはその数を数えること。鯖は腐りやすく鮮度が命であることから、ゆっくり数える暇はなくどうしてもいいかげんになってしまった。それが転じて今の用法へと至っているわけである。

知らずに気軽に使っている日本語　その③

◎呂律(ろれつ)
　もとは中国の言葉で、漢字は同じ「呂律」でも「りょりつ」と読んだ。音の調子を意味しており、それが狂うと曲が回らない。それが転じて現在のような意味になった。

◎派手
　「映え手」と「破手」、2つの説がある。前者はそのとおりの意味だが、後者は三味線用語で、基本である「本手」とは異なる大胆な演奏方法のことを意味している。

――「むしゃくしゃ」したのはどうしてか?――

　これは「むさし」と「くさし」、2つの言葉からなっている。前者は汚らしい、不潔であるという意味。そして後者にはうさん臭いや怪しいという意味が含まれる。両者がそろえば、「むしゃくしゃ」するのも当然といえる。

知らずに気軽に使っている日本語　その④

◎うさん臭い
　漢字で書くと「胡散臭い」。「胡散」には「怪しい、疑わしい」との意味があり、そこに「らしい」を表す「臭い」がついた。また、「胡散」の語源は「胡乱（うろん）」であるとされている。

◎怪しい
　感動詞のひとつ「あや」には、「普通ではない、神秘的な」などの意味がある。それが形容詞化して「怪しい」になった。何だか普通ではない感じ、それが悪い意味に転じていった。

一蓮托生
―「蓮」に込められた意味―

「蓮」とはもちろん蓮の花のこと。仏教では輪廻を肯定し、よい行いをした者は同じ蓮の上に生まれ変わることができると考えられた。それがこの言葉の由来となっている。

―誰の鼻をどこに向けたのか?―

　漢字で書くと「餞」。その由来は「馬の鼻を向ける」という昔の習慣にあった。旅に出る仲間を見送るとき、餞別などをひととおり渡した後に、馬の鼻を前方に向けて正式に見送ったとのこと。それが転じて今の用法へと至っている。

知らずに気軽に使っている日本語　その⑤

◎餞別(せんべつ)
「餞」は上に同じく「馬の鼻向け」であり、基本は「はなむけ」と同じで、別れ行く友人への「餞」こそが「餞別」であったわけだ。

◎老舗(しにせ)
　現在に伝わる漢字は完全に当て字で、もとは「為似せ」と表記していた。創業者が始めた商売の仕方に似せること。それが転じて歴史と伝統を表す言葉になった。

―語音はどこから来ているのか?―

「とことん」とは「どんづまり」、つまり「最後の最後」という意味を表す。最後の最後までやりきる、それが現在の意味へと至っている。もとは踊りの用語で、踊り手が踵で踏む足拍子の音が由来であると考えられている。

知らずに気軽に使っている日本語　その⑥

◎しゃかりき
何となく想像がつくかもしれないが、漢字は「釈迦力」だ。衆生を救うために全力を尽くしたお釈迦様。その姿を表すために今のような使われ方が始まった。

◎一挙手一投足
もともとは「ちょっと手足を動かすだけのほんのわずかな努力」の意味であった。科挙の合格に向け推薦を依頼した、中国唐代四大詩人の1人、韓愈の故事にちなんでいる。

―「誰と」ふざけたのか?―

　古代中国の楚王は、夢に現れた巫山の仙女と一夜を共にした。つまり、「巫山(の仙女)と戯れた」わけだ。「戯れる」を昔は「戯る」といった。「巫山と戯る」から転じて、「ふざける」に至ったわけである。

知らずに気軽に使っている日本語　その⑦

◎ごまかす
　弘法大師が焚いた高貴な「護摩」。その灰だと偽って普通の灰を売りつけた男がいる。そんな故事が由来となって、人をだますという意味で用いられるようになったという説がある。

◎けんもほろろ
　「けん」も「ほろろ」も雉の鳴く声。その声はとても冷たく、不愛想に響く。そのような特徴が人を表すようになり、人情味のない冷たい人をこう呼ぶようになった。

―時代劇でよく出てくる言葉の由来―

　漢字で書くと「猪口才」。小さな猪口のように小うるさい動きをするところから、「生意気、小賢しい、すばしこい」といった意味が生まれてきた。さらにむやみに猪口を差し出すところから、「差し出がましい」という意味も含まれるようになった。

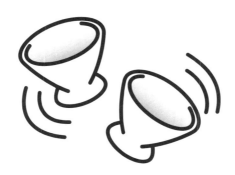

知らずに気軽に使っている日本語　その⑧

◎なまいき
「意気」は気立て、気性、身なりなどを表す言葉。これは「粋」にも通じている。それが中途半端だと「生意気」になり、さらに「粋がっている」と思われてしまうわけである。

◎差し出がましい
　もとの「差し出る」とは「人前にすっと出る」の意味。それは何だか気が引ける。初めはよい意味もあったが、ネガティブな意味だけが現在にまで伝わっているといえる。

―酒好きを「上戸」というその理由―

　もとは奈良時代に生まれた言葉で、21〜60歳の男性が6、7人いる家のことを「上戸」といった。そのような家は「たくさんの酒をふるまう」ことができる。それが転じて「たくさんのお酒を飲める人」という現在の意味になったわけである。

知らずに気軽に使っている日本語　その⑨

◎下戸
　上の「上戸」とは対（つい）の言葉で、同年齢の男性の数が2人の家を「下戸」と呼んだ。「酒を出す量が少ない」が転じて「酒を飲めない人」へと至る。そこも上戸と同じ構造だ。

◎左党
　仕事熱心な大工は右手に槌（つち）を持ち、左手にはノミを手にする。そこから左手のことを「ノミ手」と呼ぶようになった。ここから酒飲み＝「左」＝「左党」へと転じていったわけである。

―「ざっくばらん」だったモノとは何か?―

江戸時代には「ざっくばらり」といわれていた。髪の毛が乱れたままになっている様子を表している。そのままでいることが「隠し立てしない」との意味へと転じ、それが現在にもそのまま伝わっているのである。

知らずに気軽に使っている日本語　その⑩

◎はしゃぐ

もともとは「はしやぐ」と表記され、「乾く」の意味で用いられていた。からっと乾いた様子が浮かれた楽しい雰囲気を表す用法へと転じ、現在へと至っている。

―「ぐれ」の語源となった生き物の正体―

　語源はハマグリ。物事が食い違うことを２枚の貝が合わない様子にたとえ、ひっくり返して「ぐりはま」といった。そこから「ぐり」だけが残り、「ぐり」の状態になる、「ぐれる」へ転じて道をそれた人に使うようになった。ちなみに江戸時代の流行語。

知らずに気軽に使っている日本語　その⑪

◎ぐる
　江戸時代、着物の帯を「ぐる」と呼んでいた。帯が輪のように巻かれるイメージから、人が輪になって集まる様子をそのように呼んだものと考えられている。

◎因縁をつける
　もともとは仏教用語で、無関係に見えることに因果関係をみとめることをいう。転じて、ゆすりやたかりのように、故意に理由をつくって相手を責めて困らせる意味で使われるようになった。

土壇場

―どんな場所なのか?―

かつて「土断場」とも書かれていたが、字から連想されるとおり罪人を斬首する死刑執行の場を表している。人生の終わりにも等しい、まさにのっぴきならない状況。それを表す言葉へと転じていったわけである。

知らずに気軽に使っている日本語　その⑫

◎のっぴきならない
「のっぴき」を漢字で書くと「退き引き」。後退する、引き下がる、どちらも同じ意味を表しており、まさに「身動きがとれない、どうにもならない」そんな意味へと転じていった。

◎ゴリ押し
諸説あるが、「ゴリ」という魚が語源だという説が有力。ゴリは腹びれで川底にへばりついて生息するため、漁の際には川底を削るように強引に網を引く必要があることから生まれた言葉だ。

―平安時代の古語が語源―

「浅ましい」から遡って古語の「浅む」が語源とされている。この言葉は意外なことに「驚き呆れる」という意味で用いられていた。「呆れる」の部分が強く残り、「心の底が透けて見える、いやらしい」そんな意味に転じていったものと考えられる。

知らずに気軽に使っている日本語　その⑬

◎うらやむ

「うらない」などと同じく、「うら」とは心を表す。「やむ」は「病む」の意味であるから「心が病む」。他人と比較して自分の心が傷つく、そのような意味が初まりとされている。

◎さもしい

もとの言葉は「沙門」。これが形容詞化して「さもしい」になった。沙門はサンスクリット語で僧侶の意味。当時の僧侶の身なりから貧しい、みすぼらしいといった意味が生まれた。

心中
―命をかけて守ったモノは何か?―

江戸時代の愛し合う2人。その愛に偽りがないことを示す証拠、または心だてのことを「心中」と呼んだ。心中を示すために死を選ぶ、それは最高の愛の示し方であると考えられ、最終的には情死そのものを意味するようになった。

とんちんかん

―音から考えると納得の語源―

もとになっているのは鍛冶屋が相槌を打つ音のことだ。普通は何人かで代わるがわる打つのだが、人によって打つ際の音が異なる。それが順番に響くと「トンチンカン」になる。一貫性がなくて揃わない、まさに現代に通じる意味を表している。

知らずに気軽に使っている日本語　その⑭

◎ちぐはぐ
「ちぐ」は「鎮具」で金槌のこと。「はぐ」は「破具」で釘抜きのこと。打ったそばから抜いていては仕事にならない、そんな様子を表すために、この言葉が生まれたとされている。

◎つじつまが合わない
漢字で書くと「辻褄」。「辻」は縫い目が十字に出合うところ。そして「褄」は縫い目が左右に合うところ。そこがズレると話にならない。だからみんな困るわけだ。

―巻いた「管」とは何か?―

「くだ」とは「管」のこと。よって織物用の原糸を管芯に巻きつける「管巻き」に由来している。単調な作業を延々と続ける、そんなところが飲み過ぎて同じことを何度も繰り返したり、わけのわからないことをいったりする様子に通じているのである。

知らずに気軽に使っている日本語　その⑮

◎口説く
これも「くだを巻く」と同じ由来を持っていて、女性に対して「くどくど」と迫る、そんな態度を表したものだ。同じ迫るにしても、毎回同じパターンではいけないということだ。

◎おきゃん
今では、若い女性にしか使われない言葉だが、もともとは男女の区別はなかった。漢字で「御侠」と書くが、「侠」を「きゃん」と音読みしたもので、勇ましく粋な人などを意味する。

―ファッションリーダーの正体―

昔の中国に郭林宗(かくりんそう)という人がいて、たまたま雨で被った頭巾の角が片方折れ曲がっていた。それを見た人の多くがおしゃれな被り方だと真似をするようになった。わざわざ何かをする（してもらう）ことの意が現代にまで残ることになったわけである。

知らずに気軽に使っている日本語　その⑯

◎わざわざ
もとになっているのは「態々し(わざわざし)」。「態」にはわざとらしく意識を向けて行うという意味が含まれている。現代ではポジティブな意味にも用いられるが、初めはネガティブな言葉であった。

◎おじゃん
江戸といえば火事、鎮火を知らせる鐘を一点打ちするのが決まりになっていた。その音が「じゃん」。そして焼け跡は無残なもの。そこから「ぶちこわし」の意味が生まれた。

―誰の目からウロコが落ちたのか?―

『新約聖書』の一節に、「たちまち彼の目より鱗の如きもの落ちて再び見ることを得」という表現がある。神の御導きによって悟りを得ることができた、迷いの状態から覚めて真実を見ることができるようになった、まさに文字どおり意味が記されている。

知らずに気軽に使っている日本語　その⑰

◎手をこまねく
これは中国の古い挨拶、胸の前で手を組む様子を意味している。手を組んでいるのですぐに手が出せない、だから傍観者になる、そのように転じていった。

◎耳をそろえる
ここでいう耳とは「縁」のこと。かつて借金を小判で返すときに、きちんと縁を揃えて手渡した。そのような礼儀を表す言葉が元来の「耳を揃える」であった。

―「ひけ」って何のこと?―

「ひけ」は戦場で退却を指示する「退け」が語源といわれる。戦場からの退却は負けを意味するため、勝負に負ける、人に劣ることを「ひけをとる」というようになった。現在は、否定形にして「ひけをとらない」という使われ方のほうが多い。

知らずに気軽に使っている日本語　その⑱

◎こじつける
　名詞形は「こじつけ」。「故事付ける」が起源の言葉。古くからのいわれや歴史、つまり故事来歴に無理やり関連付けて話を押し通すことからできたとされる。

◎とちる
　「栃麺棒を振る」が語源。栃麺はトチノキの実の粉でつくる麺で、それをつくる動作が慌てているように見えたことから、慌てる人の様子をさすようになり、略されて「とちる」となった。

――「いかがわしい」とはいかがなものか?――

心の中で怪しいといぶかる気持ちをいう「如何（いかが）」が形容詞化した「如何しい」が語源。この「如何しい」は、疑わしい、見苦しいという意味で、ここから「わいせつな」や「よくない、いんちきな」という意味の「いかがわしい」となった。

知らずに気軽に使っている日本語　その⑲

◎疑心暗鬼
中国の古代寓言を収録した『列子』という本に出てくる「疑心暗鬼を生ず」に由来する言葉。いったん疑いだすと、怪しくないものも怪しく思えてきて、いもしない鬼が見えてくるというたとえ。

◎内緒
仏教で、自分の心の中で悟りを得る「内証」に由来する。それが転じて「内所」の漢字が当てられ、台所や居間をさしていうようになり、さらに「内緒」と書いて秘密を意味するようになった。

―どうして「うんざりする」の意味を持つ?―

　中国の『史記』に出てくる表現で「辟」は避ける、「易」は変えるという意味。つまり「辟易」は「避けて通るために道を変える」こと。これが転じて「辟易する」は「避けて通りたいほどうんざりする」「相手の言動に対応の仕様がない」という意味で使われている。

知らずに気軽に使っている日本語　その⑳

◎おこがましい
　「烏滸がましい」と書く。「烏滸」は昔の中国の地名で、烏滸の猿楽が他の地方より描写がくどくてうけが悪かったことに由来し、現在では「身の程しらず」や「差し出がましい」の意味で使う。

◎阿吽
　梵語の字母の最初の文字「阿」と最後の文字「吽」を合わせて宇宙の始まりから終わりまでをさす言葉として扱われた。お寺で見られる二体一対の仁王像や狛犬などにもよく用いられている。

―元祖は臭かった?―

　もとの漢字は「嗅がし」。字の如く、古くは頭髪や魚の頭を焼いたものを串に刺して田畑に立てて鳥や獣を追い払ったことに由来する。なお「案山子」は中国の僧侶が用いた言葉で、後に日本の「かかし」の当て字となった。

意外性たっぷりの語源　その①

◎ことわざ

　漢字で「諺」と書くが本来は「言＋業」で言葉を使った技術や活用をさし、現在は教訓や風刺の面が強い。記憶に残りやすい語呂や語感で作られるため、言葉を使った芸術ともたとえられる。

―お風呂に「船」がある理由―

江戸は水運が発達した都市であった。その江戸時代、小船の中に浴槽を設けて、川や水路を利用して町々をめぐり、料金をとって入浴させたことに由来している。またこの小船の形態が今の銭湯にもつながっているともいわれる。

意外性たっぷりの語源　その②

◎どんでん返し
　歌舞伎の舞台で大道具を倒して場面を変える手法やその装置が由来。もともとは「がんどう返し」といい、中が自在に動く仕掛けの「がんどう提灯」に似ていることからそう呼ばれていた。

◎てんてこ舞い
　祭りや神楽などで使われる小太鼓の音を「てんてこ」と表現し、その音に合わせて舞う姿から呼ばれるようになった。休みなく音にせかされる慌ただしい様子が感じられる言葉だ。

―縦でも横でもなくなぜ「斜め」?―

　剣道の「中段の構え」は相手に刀を斜めに伸ばすため、「斜に構える」といい、もとは「隙のない改まった態度」という意味だった。後に「斜」の字から「斜めに見る」の同義語に使われることが多くなり、現在の意味に転じたと考えられる。

意外性たっぷりの語源　その③

◎でくの坊
「木偶」と書いて木彫りの人形のことをさす。無能な人を木の人形にたとえて役立たずの意味として使われる。「坊」の字が示すようにもとはそこまで強い罵倒の言葉ではなかった。

◎抜け駆け
　戦功のために自陣を抜けて敵陣に先んじて駆けることから転じて他人を出し抜く言葉として用いられる。昔は戦功をあげれば抜け駆けは不問であったため、抜け駆けは後を絶たなかった。

―「虫」ってどんな虫?―

「虫」は中国の道教で、人間の体内にはさまざまな病気や本能的な欲望を引き起こす虫がいる、という考え方に由来している。「虫がいい」は「その病気や欲望のおもむくままがいい」ことであり「自分勝手である」という意味に使われる。

意外性たっぷりの語源　その④

◎ご意見番

豊富な知識や経験から、立場が上の人にも忌憚(きたん)のない意見を述べられる人のこと。水戸黄門など周囲から相応に認められている人をさし、決して意見を聞かれもしない巷(ちまた)の人は含まれない。

◎尻込み

「後込み」とも。相手の勢いや状況の不安から迷って後ろに下がる様子をさす言葉。「尻」という単語から格好の悪さが目立つので、難しく「逡巡(しゅんじゅん)」などといってみるといいかもしれない。

コラム2　世界に広がる日本語と日本文化①

そのまま英語で通じる日本語の語源　その1

カラオケ＝「空(から)」と「オーケストラ」を合わせて略されたもので、もともとはバンドマンの俗語として生まれた。カラオケは日本文化のひとつとして世界中に進出中で、特にアジア圏では大きな盛り上がりを見せているところだ。

漫画＝明治に入ってきた「COMIC」「CARTOON」という言葉を日本語に訳したものが語源。日本のサブカルチャーの中でも世界中に人気な漫画はそのまま「MANGA」として逆輸入されている。なお、日本最古の漫画は鳥獣人物戯画（高山寺蔵）といわれている。

絵文字＝絵柄や図柄を文字の代わりに使っていたものが携帯電話に伴って普及したもので、そのまま「絵＋文字」が語源である。象形文字である漢字に慣れ親しむ日本では、地図の記号などで古くから利用されてきた。海外では「emotion（感情）＋字」と勘違いされていたりもする。

オタク＝サブカルチャー愛好家の中でお互いを「お宅」と呼び合っていたのが浸透したもの。意味的には「マニア」「知識人」などと何ら変わらないのだが、偏見的な意味合いで使われたこともある。なお、経済消費者としては優秀なため、村おこしや新商品などで購買意欲を刺激しようとする自治体や企業が増えている。

ボケ＝「はっきりしない」を表す「ぼやける」が短く略されたもの。日本で写真のピントがぼやけることを「ボケ」といっていたのを聞いたカナダの写真家が雑誌で特集を組んだことから世界に広まったといわれている。ちなみに英語で書くと「BOKEH」である。

酒＝接頭語の「さ」と古い酒の呼び名「き」の母音が変化したものというのが有力な説。海外では日本酒を「SAKE」と呼び、和食の普及とともにブームになっている。その海外での人気っぷりからか、最近では海外にも日本酒の酒蔵が増えているほどである。

弁当＝古代中国の南宋（なんそう）時代で「便利なこと」をさす俗語「便当」が語源。日本式のテイクアウトとして、海外でも人気沸騰中。画像や動画などの投稿サイトでも、日本の奥様方が子どものために作った通称「キャラ弁」のでき映えに賞賛が集まっている。

侍＝「従う」を意味する「さぶらふ」の名詞形「さぶらひ」が語源。「侍（はべ）る」という言葉があるとおり、貴人の傍に仕える人をさしていた。もともとは武士の階級の中の「侍」があったが歴史の中で徐々に変化し、戦国時代では上級武士を、江戸時代では武士全般の呼び名をさす言葉として用いられた。

歌舞伎＝斜に構えた様子を表した「傾（かぶ）く」の連用形を名詞化したものが語源で、当時は行動や風体、振る舞いが華美な様子を表した。現在の芸能としての歌舞伎の名称は「阿国（おくに）」という女性の踊りを「かぶき踊り」と称したのが始まりとされている。

芸者＝踊りや楽器などの芸を用いて宴を盛り上げ、客をもてなす人をさした言葉。語源については定かではないが古くは平安時代の白拍子などから続く歴史ある職業であった模様。芸者遊びというと何となくふしだらなイメージがあるが、宴席に歌手を呼んで歌ってもらうようなイメージが正しい。

忍者＝呼称自体は戦後の作家によるものが語源。活躍していたとされる戦国期では「乱波（らっぱ）」「草」「軒猿（のきざる）」などさまざまで、統一された呼び名はなかった。サブカルチャーの題材として用いられることも多く、日本海外ともに夢のある人気の存在である。

第 3 章

聞いて納得！
目からウロコの語源

—もともとは庶民の味方?—

「悪党」という言葉が生まれたのは鎌倉時代。荘園領主の横暴に反抗する領内の集団をこう呼ぶようになった。しかし領主は自分だけ裕福な存在。貧しい領民は「悪党」の活躍に時代を打破する光明を感じ支援していたとされている。

成り立ちが面白い語源　その①

◎**泥棒**
　無理に奪い取る「押し取り」、それに人を表す「坊」がついて「押し取り坊」。これがさらに「取り奪う坊」へと転じて「どろぼう」になったと考えられている。

◎**物色**
　物の色や形、動物の毛色、自然の景色のことを「物色」といっていたが、人の姿形にも用いられるようになり、それを見極める行為へと転じた、とされている。

―邦楽に由来する言葉―

「めりはり」とは「めり」と「はり」。漢字で書くと「減り」と「張り」になる。前者は弦などを緩めて低い音を出すこと、後者はその逆で弦を張り高い音を出すこと。意識して抑揚をつけることが「めりはり」だ。

成り立ちが面白い語源　その②

◎ほくそ笑む
「万事塞翁が馬(ばんじさいおうがうま)」という故事は多くの方がご存知だと思う。じつは「ほくそ」とは北叟(ほくそう)のことで故事に出てくる塞翁(さいおう)を意味している。万事達観した境地の笑みを表す言葉である。

◎ふつつか
現在使われている「不束」は当て字で、元来は「太束(ふとつか)」。むしろ太くて丈夫な様子を表す言葉で悪い意味はなかった。それが野暮だとされたのは平安時代以降とされている。

―本当の「優しい」人ってどんな人?―

　もとは動詞「やす(痩す)」の形容詞形で、身がやせ細る思いを表す言葉。平安時代に「控え目」「慎ましやか」になり、さらに慎ましいが「優美」「上品」「好感が持てる」に転じ、近世以降に「親切な」「配慮ある」の意味に派生していった。

豚に真珠

―意外にも『聖書』が語源―

『新約聖書』の「マタイ伝」第7章にある「Cast throw pearls before swine」に由来している。そもそも新約聖書では「豚」は愚かな動物とされており、その豚に真珠のような価値のあるものを与えても無駄だという意味である。

成り立ちが面白い語源　その③

◎笛吹けども踊らず
「豚に真珠」と同じく、『新約聖書』の「マタイによる福音書」に由来。その第11章にある「われら、なんじらのために笛吹きたれども踊らず」というイエスの嘆きの言葉からである。

◎目くじらを立てる
語源は諸説あり定かではないが、一説には「目尻」から「目くじり」→「目くじら」と変化したというものがある。「くじら」は物の隅を意味するもので、「鯨」とは一切関係がない。

―語源となった意外な衣類―

計画などが途中でダメになってしまうことを意味するが、これは、フランス語の「帽子(シャッポ)」の倒語(逆さ言葉)が語源になっているという説が有力だ。ちなみに降参する意の「シャッポを脱ぐ」にも関連していると思われる。

成り立ちが面白い語源　その④

◎あわを食う
「食う」は「出会う」「遭う」のこと。「食う」のは、「慌てる」の語幹である「あわ」で、慌てふためく状況に出くわした、となる。「あわ」は漢字で「泡」と書くが、これは当て字。

◎あわよくば
この「あわ」は、「濡れ手で粟」などから粟を連想するが、実は「間(あわい)」という古語が詰まったものが語源。「間がよければ」つまり「あわよくば」という意味である。

―知れば知るほどシュールな語源―

語源には「暖簾」と「腕相撲」の2説がある。つまり「暖簾を手で押すようなもの」と「暖簾と腕相撲をするようなもの」の2とおりであるが、いずれにしてもまったく手ごたえや張り合いがないことのたとえとして使われる。

成り立ちが面白い語源　その⑤

◎無鉄砲

漢文に訓点がついていないことをいう「無点法」説、手に何も持っていないことをいう「無手法」説など、語源には諸説ある。「無鉄砲」は当て字である。

◎冗談

「冗」という字は無駄や不必要という意味。つまり「冗談」はもともと「無駄話」ということである。「雑談」の「常談」、ふざけて話すことをいう「笑談」が転じたものとする説もある。

―黒山の正体―

　大勢の人が１箇所に集まっている様子をいうが、少し上からの目線でそこを見たときに、大勢の頭髪の黒が山のように見えることに由来している。頭髪が黒い日本人が作った言葉だろうか。外国人や茶髪の若者には使いにくい。

―貴族言葉を武士っぽくアレンジして生まれた―

語源は貴族言葉の「哀れ」。感動語の「あは」に接尾語の「れ」が付いたもので、もともとは喜びも悲しみもすべて含めて感情を表す言葉だった。それが鎌倉時代以降に強調する促音「っ」が入り、称賛を表すようになり、武士言葉として使われた。

成り立ちが面白い語源　その⑥

◎めでたい
「愛でる」と「甚し」がくっついた「愛で甚し」が縮まり「めでたし」となった。漢字で「目出度い」や「芽出度い」と書くが、どちらも語源とは関係ない当て字である。

◎幸せ
「為合わす」の連用形の名詞化が語源。もともとはめぐり合わせや運命を意味し、「よいしあわせ」「悪いしあわせ」のように善悪どちらにも使われた。今の意味になったのは江戸時代から。

大御所

―人ではなく場所のことだった?―

「御所」は天皇、上皇などの住まいのこと、それに対して「大御所」は親王の隠居所をさす言葉であった。それがやがて親王そのもの、さらには徳川家康が秀忠に将軍職を譲って自らを呼ぶ言葉となり、現在では、ある分野の第一人者をさす言葉として使われている。

成り立ちが面白い語源　その⑦

◎親玉
語源は、数珠の中心にある大きな玉。その大玉を「親玉」といい、そこにつながっている小さい珠を「子珠」という。大玉に小さい球が連なっているところから転じたものである。

◎御曹司
「御」は敬意を表す接頭語で、「曹司」はもともと「部屋」のことであった。「曹司」は平安時代の宮中に設けられた部屋で、まだ部屋住みの公家の子息を「御曹司」というようになった。

―お座敷から生まれた言葉―

　漢字で「御座なり」。座敷の「座」に接頭語の「御」、「なり」は形状を表す。江戸時代には「座成」ともいわれ、「お座敷(宴会)の席で形だけを取り繕う言動」を意味していた。これが現在の「その場限りのいいかげんな言動」を表す言葉となった。

成り立ちが面白い語源　その⑧

◎シカト
　花札の10月の絵柄が由来。鹿が横を向いているところから、そっぽを向く、無視することを「しか」と「十(とお)」を合わせて「シカト」というようになった。

◎無念
　もとは仏教用語で、一切の雑念や迷いの心にとらわれず、無我の境地にあること。「残念無念」といった使われ方から「残念」の意味が強調されるようになり、今の意味になったと思われる。

―もとは英語から?―

英語の「calling」や「vocation」に由来していると思われる。この単語は「職業」を表すとともに、聖書では「神様からの呼び出し＝召命」の意味もある。神から使命を与えられた職業、つまり自分の天性に合った仕事ということである。

成り立ちが面白い語源　その⑨

◎**白羽の矢が立つ**

今では「抜擢される」というよい意味でも使われるが、由来としては、神が人身御供(ひとみごくう)にする少女の家の屋根に矢羽が白い矢を立てること、という悲しいものである。

◎**買って出る**

何を買って出るのかというと、花札の場に参加する権利を買って出ることだという。現在では、頼まれもしないのに自ら引き受けるというよい意味だが、語源は自分勝手な行為なのである。

―なぜ「猿」でなくてはならないのか?―

「くつわ」は馬を手綱で操るために口に取り付ける金具のこと。なぜか猿と馬は仲良しで相性がよく、猿を馬の近くに繋いでおくと馬が大人しくなった。つまり、猿が「くつわ」の役割を果たしたことから「猿ぐつわ」という言葉が生まれた。

成り立ちが面白い語源 その⑩

◎花道
花が飾られたりしていないのになぜ「花道」というのか? 相撲の花道の語源は、平安時代の節会(せちえ)相撲という天皇の前で相撲をとる儀式のときに、力士が頭に造花をつけて入場したことによる。

◎釣り銭
この「釣り」は、魚釣りのことではなく、「釣り合いをとる」の「釣り」である。大昔、貨幣のない物々交換の時代、自分が多く取りすぎた場合、相手にその分を返していたことによるものだ。

—文才が生んだオシャレな言葉—

　昭和初期に活動弁士（タレント）だった徳川夢声がラジオ番組の中で、「彼女」に対して考案した造語。ちなみに「彼女」は英単語 she などの翻訳語で、明治時代までは男女の両方に「彼」を使っていたようだ。

成り立ちが面白い語源　その⑪

◎野郎
　男性に使う言葉で、女性の場合は「女郎（めろう）」という。子どもをさす「童（わらわ）」が転じて「わろう」、さらに「やろう」となったもので、もともとは若い男のことをいう言葉だった。

◎はにかむ
　「はにかむ」は「歯が重なって生える」ことで、歯が不揃いなこと。転じて、歯をむき出すという意味になった。それが恥ずかしがって笑っているように見えることから今の使われ方になった。

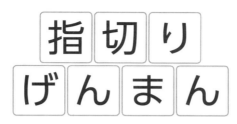

―ちょっと怖い本当の話―

その昔、遊女が愛情を誓う証拠として、客に指を切断して渡したことに由来する。これが一般に広まり約束を守るという意味になった。また「げんまん（拳万）」は字のごとく、約束を破ったら拳（こぶし）で1万回殴るということである。

—「善玉・悪玉」とはどんな玉?—

　善人・悪人のことで江戸時代の読み物である『草双紙(くさぞうし)』の挿絵が由来。この挿絵の中で一部の登場人物の顔に、〇に善または悪という文字が書かれていたので善玉・悪玉と表現されるようになり、今では同類の中で良いものと悪いものを分けるのに使われる。

―あの有名俳優が名付け親―

もとは軍隊で使われていた俗語であったが、昭和の大スター石原裕次郎が映画で使ったのをきっかけに大流行した。テレビ番組「いかすバンド天国」を「イカ天」と呼んでいたのを、聞いたことがある人も多いのではないだろうか。

へーと思わずうなる語源　その①

◎折り紙つき
平安時代に公式文書や贈答品(ぞうとうひん)の目録として、紙を横半分に折った文書が使われたことに由来。江戸時代からは美術品や刀などの品質を、現在では人物の実力を保証する言葉としても使われる。

◎お株をとる
「株」とは、もとは世襲や継続した特権・地位などをさし、後にその人だけの得意技や芸を表すようになった。それを他の人がその人以上にうまくやってしまうことを「お株をとる」という。

―いろいろな言葉の組み合わせで生まれた言葉―

仏教で釈迦の死を表す「御涅槃（ごねはん）」に由来し、江戸時代には「死ぬ」という意味で使われた。後に、別の言葉の「無理を言って困らせる」を意味する「こねる」と「文句を言う」の「ごてる」が混ざって現在の「ごねる」ができた。

へーと思わずうなる語源　その②

◎門前払い
　江戸時代に奉行所の門前から罪人を追い出すという、最も軽い刑から生まれた言葉。門を閉めて中に入れずに追い払うことから、誰にも会えずに帰らせるという意味が生まれた。

◎折檻（せっかん）（する）
　中国の故事で、店主に厳しく批判した学者が、死罪で連行される際に檻（手すり）を摑んで抵抗したため、檻が折れたことに由来。檻を折るほどの強い思いで相手を諫（いさ）めるという意味がある。

―どうして京都の山が語源になったのか?―

　天王山は京都府南部に位置する。羽柴秀吉が明智光秀と戦った山崎の合戦で、戦略的に重要な意味を持つこの山を先に陣取った羽柴軍が勝利した。このことに由来し、勝敗にかかわる大事な局面や分岐点のことを天王山と呼ぶようになった。

へーと思わずうなる語源　その③

◎端午の節句
　もともと「端午」は「月の端」の意味で、「午」と「五」の音が同じなので五月五日をさすようになった。ちなみに端午の節句が始まったのは奈良時代。

◎許嫁
　動詞「言い名付ける」の連用形が名詞化したもので「許嫁」は当て字。もとは親同士が結婚相手を約束する意味だったが、現在は婚約した当人が相手をさしていう言葉になっている。

―江戸時代までは意外な意味だった?―

　もとは朝廷の官職を意味するものであったが、転じて荘園の領地や資産をさす言葉となった。さらに江戸時代には「所帯をもつ」「所帯じみる」などの「独立して生計を営んでいる家族」の意味を持つようになった。

へーと思わずうなる語源　その④

◎いでたち
　「旅」がその由来。その昔、旅に出ることはとても大変なことであった。その「出る」が強調され旅に出ることを「出で立ち」といい、そのときの身支度のこともそういうようになった。

◎引き出物
　この「引き出物」は、戦国時代には実際に「引き出し」て贈っていた。この引き出すものは「馬」で、厩から引き出してから送り届けられたことからできた言葉である。

―どんな鮭なのか?―

「あらまき」の由来は①荒縄で巻いたから、②荒く巻いたから、③藁で巻いて「藁巻」と呼んでいたのが変化した、④新しい藁で巻いたから、⑤新鮮な鮭を巻いたから、など諸説ある。

へーと思わずうなる語源　その⑤

◎おかず
漢字では「御数」と書くが、字のように「数をとりそろえる」「たくさんある」という意味がある。本来の語源からすると、一品しかないのは「おかず」とはいえないようだ。

◎トウモロコシ
中国から入ってきたとき、日本のキビに似ていたことから「モロコシキビ」と呼んだ。その後、輸入物に「唐」の字をつけて新しいものを表現する習慣から「トウモロコシ」となったとされる。

―「中身」を知れば語源がわかる―

　もともとは平安時代に中国から伝わったもので、魔よけとして家の中に飾られていた。また最初は薬効のある香料を入れて「くすり玉」と呼ばれていたが、縮まって「くす玉」というようになった。

へーと思わずうなる語源　その⑥

◎母校
　フランス語で学校を意味する「école」が語源。それが女性名詞であることから、明治政府がそう訳したことに由来する。また、育ててくれた母なる学校という意味もこめられたと思われる。

◎山茶花(さざんか)
　「山茶」はツバキ科の木の漢名。日本では、同じツバキ科のサザンカにこの字が当てられた。古くは「サンザカ」(または「サンサカ」)といっていたが、変化して「サザンカ」となった。

―昔から迷惑なヤツに変わりない?―

「御器噛り」が転じて「ゴキブリ」。食物だけでなく、盛るための食器=御器まで噛ることから命名された。ちなみに、古くは縄文時代の土器からもその卵の痕跡が発見されたそうで、人間との同居はとても長い。

―見た目通りの語源―

　もとは使い古した布や着古した服などのことであったが、現在では、広く人には見せたくない欠点や悪い所といった意味で使われる。語源は、物が傷んでいる状態を表す擬態語「ぼろぼろ」から出た言葉である。

―「台」って何の台?―

平安時代にできた言葉で、皇居の中にあった「台盤所(だいばんどころ)」に由来する。そこには宮中に仕える女房たちが詰めており、食器をのせる台盤が置かれていた。これが「台所」と略されるようになり、食事を用意するところという意味に転じ、一般にも広がった。

へーと思わずうなる語源　その⑦

◎しっぺ返し
「しっぺ」とは「竹箆(しっぺい)」のことで、禅宗で座禅を組む修行者を打つ棒のこと。修行を積んだ者はやがて打つ側になることから、やり返すことを意味するようになった。

◎当たり前
「当たり」とは何かが当たるのではなく、「割り当て」の「当て」からきたもの。「前」は、一人前などの前。漁師たちが魚を公平に分けた1人分のことをいう言葉であった。

―もともとは"美談"だった?―

　その昔、伊勢国安濃郡（今の三重県津市）の阿漕ヶ浦では漁を禁じられていた。しかし、平治という孝行息子が病弱な母のために危険を顧みずに繰り返し密猟し、ついには捕まったという。もともとは、そのような美談に由来するものであった。

ひょんなこと

―「ひょん」とは何か?―

　たまたま、偶然のことをいうが、この「ひょん」の語源は諸説ある。主なものとして、「宿り木」のことを古くは「ホヨ」「ホヤ」といい、それが音変化した説や中国で「凶」の字を「ひょん」と読むことからという説などがある。

へーと思わずうなる語源　その⑧

◎そんじょそこら
　「そこら」は、「そのへん」「そのあたり」の意味。それに、不特定な事物や場所などを表す「その定(じょう)」が音変化した「そんじょ」がつくことで、「そこら」をより強調した言葉になった。

◎ことごとく
　物事のすべてを表す「事事(ことごと)」から生まれた副詞「ことごと（悉）」に接尾語の「く」をつけた言葉。「あるもの全部」「ある限り残らず」という意味である。

もぬけのから

―「殻」から抜け出し「空」になる―

「もぬけ」は、「もぬける」という動詞が名詞化したもので、セミやヘビなどが脱皮することを意味する。ということで、「もぬけのから」の「から」は「空」ではなく、抜け殻の「殻」である。ちなみに「もぬけ」は漢字で「蛻」と書く。

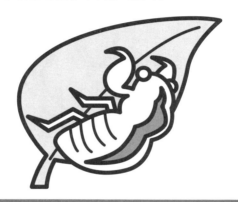

誤解しがちな語源　その①

◎きもいり
　肝は肝でも「入る」のではなく「煎る」。煎るという作業には根気と注意が必要であり、肝を据えて根気強く世話をする。だからこそ、その結果には信頼がおけるということである。

◎えたい
　漢字では「得体」だが、もとは「為体」。音読して「いたい」になり「えたい」へと転じた。また「えたい」は「衣体」であり、僧侶の宗派＝正体を知る手がかりに由来するという説もある。

ギョッとする

―「ギョッ」は単なる擬音語ではない―

古代中国の「ぎょ」という楽器に由来する。この楽器は人が驚くような大きな音を出すため、主に音楽を止めるときに使われた。このことから、人が驚く、びっくりすることを「ギョッとする」というようになった。

―体の「おヘソ」じゃありません―

　もともとは「綜麻繰り金」。麻糸を繰って手に入れたお金のことをそう呼んでいた。妻が内職することが多く、家族のためにそれを貯める。この言葉がいつしか「臍繰り金」へと転じていき、さらに省略されて「へそくり」になった。

垢抜ける

―抜けていくのは「垢」ではない?―

用いられる漢字とは違い、もとは「灰汁(あく)」とされている。ほうれん草やゴボウなどの渋みを「アク」と呼び、それが抜けることで味が洗練される様子を表したのが由来である。「渋みが抜けて洗練される」、それが人にも転用されるようになった。

誤解しがちな語源　その②

◎姑息(こそく)
姑いびりのようなことを連想するかもしれないが、「姑」には「しばし」という意味がある。しばし休息することを「姑息」。夫のいぬ間にというのは正しいかもしれない。

◎コツ
漢字で表すと「骨」、文字どおり骨のことを意味している。骨とは人体の基礎であり、物事の骨格でもある。本質を理解し活用できることが「コツ」と呼ばれるようになった。

―右と左、どっちの手?―

　台所のことを「お勝手」といった。台所でよく使うのは右手、弓道で右手のことを「勝手」と呼ぶ。台所で自在に右手を振るう、それが転じて自分の好きなように振る舞う、今の「勝手」の意味へと転じていったわけである。

誤解しがちな語源　その③

◎おとり
「囮」、「媒鳥」とも書くが、もとは「招鳥(おきどり)」という言葉だ。獲物を捕らえるためにおいておく鳥のことで、それが人間にも転用されるようになった。

◎おとぎ話
「おとぎ」は、話の相手をすることを意味する「伽(とぎ)」に、接頭語の「お」がついたもの。現在では、大人が子どもに語って聞かせることだが、もともとは大人に聞かせるものだった。

伊達メガネ

―伊達政宗は関係ない?―

「伊達(だて)」は、「目立たせる」の「目立て」の「立て」に由来する。「伊達」は本来、見栄を張る、無駄に華美なことで、必要もないのにかけるメガネをそういうようになった。漢字の「伊達」が、伊達政宗やその家臣からという説は間違いで、単なる当て字だ。

第3章 聞いて納得! 目からウロコの語源

―「あばら」の状態とは?―

「あばら」は「疎ら」「荒ら」と書き、荒れ果てた様子やすき間があることを意味する。「あばら骨」もここからきている。古くは「あばら造り」という建築様式があり、日本の湿度の高さに対処して風通しを考えたものであった。

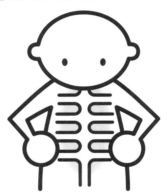

誤解しがちな語源　その④

◎ポン酢
この「ポン」はポンカンからと思いがちだが、語源はなんとオランダ語の「pons (ポンス)」だという。この「ポンス」が変化し、「ス」に「酢」の字が当てられて「ポン酢」となった。

◎土手鍋
「土手長吉」という人がつくったから、料理を「土手下」の船で売っていたところからなど、語源は諸説あり定かではない。味噌を鍋の周りに土手のように塗りつけるから、というのは俗説。

蛙の子は蛙

―「蛙」じゃなきゃいけない理由―

「さすが蛙の子は蛙ですね」と才能などを褒めるときに使われるが、本来の意味からすると大きな間違い。もとは、オタマジャクシが親とはまったく違う姿形なのに、結局は蛙になることから、しょせん親とは違うものにはなりえないことをいう。

―「子の手」ではダメなワケ―

もともとは「麻姑の手」と書いた。「麻姑」とは、中国の伝説上の美しき仙女。その鳥のように長い爪で痒いところを掻いてもらったらとても気持ちいいだろう、というのが由来である。日本ではその小さな手の形から「孫」を連想し、「孫の手」になった。

―外来語と勘違いするれっきとした日本語―

「ばね」はカタカナで書くことが多いが、れっきとした日本語。その語源は、「跳ねる」からきているという説や、火縄銃などに使われた現在のばねに相当する部分を「はじきかね」と呼んでいたことに由来する説など、諸説ある。

誤解しがちな語源　その⑤

◎ちゃんぽん

その音やイメージから外来語と思っている人が多い。しかし、もともとは「ちゃん」が「鉦(かね)」、「ぽん」が「鼓(つづみ)」を打つ音で、鉦と鼓を一緒に演奏することから生まれたものだ。

◎菓子

今ではチョコレートやビスケットなどのことをいうが、もとは漢語で「果物」を意味する語であった。江戸時代に甘いお菓子と果物を言い分けるようになり、菓子から果物の意味がなくなった。

コラム3　世界に広がる日本語と日本文化②

そのまま英語で通じる日本語の語源　その2

神風＝神が起こす風をさす神道の用語で、日本書紀にも記載が確認されている。元寇(げんこう)による侵略を跳ね返した逸話が有名。なお、第二次大戦時の特攻隊も有名だが、こちらは本来「かみかぜ」ではなく「しんぷう」である。「神風流」という道場の名前から採用されたもので、戦後に GHQ が「かみかぜ」に統制した模様。

津波＝港を意味する「津」を襲う「波」が語源とする説が有力。海外で起きた津波被害で日系移民が用いたことで世界でも知られるようになり、海底地震や火山噴火などで起こる波を学術用語として「tsunami」が国際語化された。

空手＝琉球（沖縄）で発祥した武術で、当時の中国である唐から流入してきた中国武術と琉球で武術を表す「手(ティー)」を合わせて「唐手」としたものが、無手を表す「空手」になったとする説が一般的。日本の徒手武術には平安時代からの相撲や戦国期の柔術などがあり、空手の歴史は比較的新しい。

柔道＝もとは徒手空拳であった「柔術」と、その修練を通じて人間形成を目指す「道」を合わせたのが語源。柔道と名付けた嘉納(かのう)治五郎(じごろう)が興した講道館にちなみ講道館柔道とも呼ぶ。空手とは違って柔道の流派は講道館に統一されたため、柔道の流派は現在この講道館しか存在しない。

相撲＝「争う」を意味する動詞「すまふ」が名詞化したという説が有力。日本の国技に指定されており、平安時代の頃にはすでに「相撲節会」の名で宮中行事として催されていた。日本書紀にも相撲の記述が見られた

りと、資料不足で起源が不明とされるほど歴史が長い。

わさび＝わさびの「わさ」は「鼻にくる辛さ」を表現したもので、「走る」の意味を持つ「わしる」と関連づけ、わさびの「び」は「実」から転じたという説があるが正確な語源はわからないまま。日本原産の植物で古くは奈良時代には食されていたことが史料に残っている。伊豆のわさびが有名なのは徳川家康に献上した伊豆の村人の功績により、栽培方法を門外不出にしたのが理由とのこと。

畳＝敷物全般を使わないときの「たたむ」様子をもとに、「たたみ」に名詞化されたもの。現在の「畳」は「厚畳」と呼ばれていたもので、昔は座布団のように使う際に一時的に敷いて使っていた。部屋全体を敷き詰めるようになったのは中世以降と考えられている。

財閥＝もともとは1900年頃に同郷の富豪をさした造語が語源。のちに意味が変化していき、現在の日本の経済史における富豪一族をさすようになった。財閥を英語で訳すと複数の表現があるが、「日本の財閥」を指定して表す単語は「ZAIBATSU」である。

改善＝「製品をよりよいものにしていく」という日本の製造業の戦略や活動を意味する言葉として使われたものが語源。海外ではこの概念を簡潔に表現できなかったために、「KAIZEN」という単語がそのまま使われている。

盆栽＝鉢を意味する「盆」で植物を「栽培」するという意味を合わせたのが語源で、日本の園芸における芸術作品のひとつとして扱われている。古くは中国の庭園を小型化したものが起源とされ、国外でも「BONSAI」として愛好家が増えている。

俳句＝もとは短歌の上の句を「俳諧の句」として楽しまれていたものを、明治維新のあとに正岡子規によって「俳句」という言葉で使われたのが語源。俳句の原型を作ったとされるのは『奥の細道』で有名な、かの松尾芭蕉である。

川柳＝もとは「川柳風狂句」と呼ばれており、創始者の柄井川柳(からいせんりゅう)の名前が由来。俳句と同じく短歌の上の句が独立したもので、俳句よりも制限が緩い。風刺でユーモアを競う言葉遊びなのだが、捻りも遊びもなく季語がないから川柳と言い切るような間違った使い方をされることもしばしば。

ひらがな＝平安初期にできた「平仮名」を「片仮名」と区別するために呼ばれるようになったもの。現在では「いろは」の47文字と「ん」を含めた48文字であるが、明治時代では100文字近く、平安時代では300文字近くも種類が存在していた。

カタカナ＝「ひらがな」よりも先に作られた文字で当時使われていた「万葉仮名」の一部をとって作られたもの。「カタ」は不完全という意味で、「不完全な仮名」として「カタカナ」と当てられた。現在では外国語や擬音語、擬声語などの幅広い用途で使われている。

浮世絵＝刹那(せつな)的かつ享楽(きょうらく)的な世界観を「浮いた世の中（浮世）」として描かれた「絵」を表す言葉として用いられたとされる。江戸時代にできた絵画ジャンルで、美人画や春画など当時の風俗画としての題材は多岐にわたる。その独特な雰囲気と色彩感覚で、当時から海外でも人気の高い絵画である。

さすが日本人！
遊び心が隠された
ユーモアいっぱいの
語源

― 「うるさく」感じるのはどんな心理状態？―

　もともと古語で心を意味する「うら」に狭いを意味する「狭し」がついて変形したものが語源になっている。つまり、「自分の心が何かに乱されて閉鎖状態になる」ことから他人の声や音が気になり、うるさく感じるということである。

語源が気になることば　その①

◎**夜なべ**
　夜に仕事をすることをさす言葉。夜に鍋を食べながら仕事をする、昼の仕事を夜に延ばす、など諸説が多数ある。残業などという味気ない言葉の代わりに使ってみてはどうだろうか。

―「米」に"こめ"られた意味とは?―

米は神話の時代からさまざまな儀式や祭礼に供物として使われてきた。つまり神への願いを「こめる」もの、から「こめ」になった説、他には穀物の小さい粒を「小実」「小目」と呼んでいた、これが「こめ」になったという説がある。

語源が気になることば　その②

◎ 領袖 (りょうしゅう)
「領」は服のえり、「袖」はそでを表す漢語。中国の歴史書『晋書』魏舒伝が出典で、えりとそでが人の目に留まることから人を率いる人物や立場をさす言葉として使われるようになった。

◎クジラ
古語で黒を「ク」、白を「シラ」といい、見た目の「黒白」の発音「クシラ」が訛ったものが由来といわれる。哺乳類だが漢字では「鯨」と書き、「京」には高い丘という意味がある。

―仏教用語が語源の言葉―

　もとになっているのは仏教用語。修行の道に疲れ果て、精神が後退し、困難にも簡単に屈してしまう。後退して屈するからこその「退屈」というのが始まりである。やる気をなくしてヒマを持て余す、それが現在の意味に転じているわけだ。

語源が気になることば　その③

◎散歩

　1日1歩、3日で散歩ではない。奈良時代の向精神薬「五石散」が持つ「散発」という効果を発揮するには歩くのがよかった。散発のために歩くから「散歩」ということだ。

◎日向ぼっこ

　「ぼっこ」は「ぼこり」で火がおこるなどの意味。太陽のほうを向いていると体がやけてくる。火がおこるイメージに近いので「日向ぼこり」。訛って「日向ぼっこ」になった。

―「所在」とはどんなところ?―

「所在」は漢語で「存在する場所」という意味であったが、日本では発展的に「すること」や「仕事」の意味を持つようになった。つまり「所在ない」は「することがない」、「手持ち無沙汰で退屈」という意味で使われる。

どんぶり勘定

―「丼」とは関係ない?―

実は「どんぶり」とは「丼」のことではなく、江戸時代の職人が身につけていた腹掛けの意味だ。そこに入れたお金をろくに数えもせずいいかげんに遣う。そんな様子から「どんぶり勘定」という言葉が生まれた。

語源が気になることば　その④

◎うやむや

この世界は実在するのか? 真実はどこに存在するのか? 日本人もこうした悩みを抱えてきた。この問いを漢字にすると「有耶無耶」。まさに答えのない悩みである。

―どんなお茶なのか?―

漢字が表すとおり、「無茶」とはお客様にお茶も出さないこと。そして「苦茶」とはものすごく苦いお茶を出すこと。あまりにもひどいもてなしの様子から、とてもデタラメでいい加減な様子を意味するようになった。

語源が気になることば　その⑤

◎あとの祭り

祭りが終わったあとの祭りの会場。こんなに寂しいものはない。いくら後悔しても、祭りはもう見られない。そのような意味からこの言葉が生まれた。

◎生憎(あいにく)

「生」は当て字で「憎」は憎らしい。もとは「あやにく」という言葉で、「あや」は「ああ」などを表す感動詞。「あら、何と憎らしいこと」、それが転じて「折が悪いこと」を示すようになった。

すっぱ抜く

―抜いたのは刃だった?―

　南北朝時代の武将・楠木正成(くすのきまさしげ)に仕えた忍者を「透波」と書いて「すっぱ」と呼んだ。彼らが非常に優秀だったことから、不意に出し抜かれることを「すっぱのように抜かれる」と表現し、それが省略されて現代に伝わっていると考えられる。

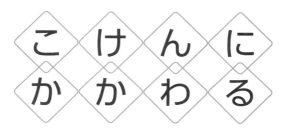

―もともとは書類のことだった―

　漢字で「沽券」と書くように、元来は土地や家屋など不動産の所有、売買を証明する書類のことを意味していた。やがて資産が所有者の価値を表すと見なされ、体面が傷つけられる＝価値が否定される、との文脈で用いられるようになった。

語源が気になることば　その⑥

◎うだつがあがらない
　「うだつ」とは「梲」と書いて梁の上に立てる短い柱のことを意味している。梲が立たなければ棟上げができない。棟上げがやがて志を果たす意味に転じ、現在の用法になった。

◎けりをつける
　もちろん「蹴り」ではなく助動詞の「けり」。和歌や俳句の終わりに「けり」を用いる。そこから物事の決着をつける意味に転じていったとされている。

牛耳る

―ちょっと生臭いその語源―

　中国の故事に由来する言葉で、もとは「牛耳を執（と）る」、それが省略されて「牛耳る」になった。同盟の誓いを立てる際、牛の耳を切って滴る血を共にすすった。そこから先頭に立って何かをするという意味が派生し強くなっていった。

― 「ぎこちない」って何がないこと?―

2つの説があり、ひとつは「角があって不愛想」という意味の「ぎこつない」。これは中国語で「屈む、詰まる」に当たる「佶屈(きっくつ)」がルーツ。そしてもうひとつは「気骨ない」で、これは「無礼、ぶしつけ」を意味する武士の言葉になる。

語源が気になることば　その⑦

◎いびつ

今は漢字で「歪」だが、もともとは「飯櫃(いびつ)」と書いた。当時のお櫃は木製で、形が楕円形に歪んでいた。そこから現在のような意味に転じていったわけだ。

◎ごまかす

昔は旅の盗人を「ごまのはえ」と呼び、それに「まぎらかす」がついて省略された、あるいは見た目の割にスカスカのお菓子の名前が「胡麻菓子」だった、そんな2つの説が存在する。

― 「けれん味」ってどんな味? ―

歌舞伎では奇抜さを狙った早替わりや宙返りなど、本道から外れた芸を「外連」と呼び、正攻法ではない、はったりやごまかしとして一段下に見られていた。そこから、逆に「外連味がない」は「嘘偽りのない正統なこと」を意味するようになった。

語源が気になることば　その⑧

◎ひもじい

空腹を表す古語「ひだるし」を文字詞として名詞にした「ひもじ」を、さらに「ひもじい」と形容詞化したもの。形容詞から名詞を経てまた形容詞となる日本語の複雑さが見てとれる。

◎ゲテモノ

これを漢字で書くと「下手物」。もともとは「粗削り」や「粗悪なもの」を意味していたが、そこから「役立たず」へ転じ、今のような悪趣味を表すようになった。

―どうして「大丈夫」なのか?―

「丈(じょう)」とは長さのことで約3メートル。「夫」は男のことなので、3メートルの大男。そんな男に守ってもらえるなら「大丈夫」ということで今のような意味になった。

ハッパをかける

―「ハッパ」って何のこと?―

漢字で書くと「発破を掛ける」。「発破」とは、ダイナマイトで岩石などを破砕することを意味している。そんなすごい破壊力で鼓舞することから、このような言い方になったものと考えられる。心まで砕けないとよいのだが……。

― 「ばむ」の意味とは?―

　平安時代には「景色」を「気色」と書き、心の動きや自然の様子を表した。鎌倉時代以降「気色」は、「機嫌」「顔色」などの意味を持ち、「汗ばむ」「黄ばむ」など「〜という状態が現れる」接尾語をつけて、「怒った様子や顔色が態度に現れる」という意味になった。

語源が気になることば　その⑨

◎きな臭い
「衣臭い」が転じ「きな臭い」になった。もとは布や木が燃えて火事が起こりそうなときの臭いを意味したが、最近は戦争や事件が起こりそうな気配を表す場合にも使われる。

◎物憂い
　なんとなく心が晴れない、憂鬱だという意味。この「物」は形のある物体ではなく、「物寂しい」「物悲しい」など形容詞に接頭語としてつけて「なんとなく」という意味を含ませたものである。

――「いぎたない」の「い」を漢字で書けますか？――

　「いぎたない」の「い」は眠りの意味で、「いぎたない」は「寝 穢 い」と書く。もともとは眠り続けてだらしがないという状態を表し、それが転じて、「寝相が悪い」や「寝姿が乱れている」という意味で使われるようになった。

語源が気になることば　その⑩

◎**意地汚い**
　「意地汚い」の「意地」には「物をむやみに欲しがる気持ち」や「食べ物への執着心」などの意味があることから、「人が欲望に満ちていて醜いさま」をさす言葉として使われる。

◎**度し難い**
　「済度し難い」が変化した言葉。「済度」は「苦しむ人を救い悟りの境地に導く」ことを表す仏教用語で、「度し難い」は仏様でもそれが難しい、つまり「どうしようもない」という意味。

―お菓子や空から降ってくる「あられ」ではない?―

「あられ」は動詞の「ある」に可能の助動詞「れる」がついた「あられる」を名詞化したもの。これを否定形にした形が「あられもない」。もともとは「あってはならない」という意味で、おもに「女性の下品な姿やはしたない態度」について使われる。

語源が気になることば　その⑪

◎のっぴきならない
「のっぴき」を漢字で書くと「退っ引き」。後退する、引き下がる、どちらも同じ意味を表しており、まさに身動きがとれない、どうにもならない、そんな意味へと転じていった。

◎つつがない
「つつが」は「恙」と書き「災難」「病」のこと。また、刺されると重篤になる「ツツガムシ(ケダニ)」という説もある。つまり「つつがない」はそれがない状態で「無事である」「問題がない」こと。

―嘘はなぜ赤い?―

　赤には「明らか」「まったく」という意味があり、そこに「真っ赤」という強い色の表現を使うことで、「明らかな嘘」ということを強調している。なお、共産主義を暗喩する「赤」とは無関係である。

傍若無人

―どんなヤツなのか?―

中国の『史記』刺客列伝の故事に由来。秦の時代の荊軻が友達の高漸離と町中で酒を飲み、酔って騒いだり歌ったり抱き合って泣いた様子が、まるで「傍らに人無きが若し」であったことから生まれた言葉である。

語源が気になることば　その⑫

◎長者

古代インドで社会的地位の高い資産家の中の代表者をさす言葉を漢字に翻訳したもの。現在でも億万長者や長者番付など、資産家をさす言葉として使われることが多い。

◎パンダ

ネパール語で「竹を食べるもの」をさす言葉が変化したとする説が有力。基本的にジャイアントパンダのことをさし、もう一種は小さいパンダの意味でレッサーパンダと呼ばれる。

―どんな息子を「せがれ」という?―

この言葉は、父親が謙遜して自分の息子を表現したことが始まり。「せがれ」とは「痩せ枯れ」のこと。「痩せてガリガリの息子です」という意味だ。こんな風にへりくだることが美徳であった時代の、名残のような言葉である。

日本人のセンスが光ることば　その①

◎どら息子
「どら」とは楽器の「銅鑼」で鐘のこと。放蕩息子は遊郭で金を使い果たし、親に泣きつく。遊郭の人は「金が尽きる」を「鐘を撞く」に置き換えて、そんな「どら息子」を揶揄した。

◎わんぱく
語源は「聞き分けがない」という意味の「わやく」。「元気がいい」など今のような意味はなく、「いたずらで手に負えない」とのネガティブな意味が本来のものになる。

玉の輿

―なぜ「玉の輿に"乗る"」というのか?―

昔は女性なら誰もが憧れた「玉の輿」。「輿」とはかつて高貴な身分の人たちだけに許された乗り物であった。なかでも特別に豊かな人たちは、玉のように美しい輿に乗っていたことから、このような言葉が生まれたわけだ。

しがらみ

―水の流れをせき止める柵のことだった?―

『万葉集』にも出てくる、とても古くからある言葉。もともとは、川の水の流れをせき止めるために、杭を打ち並べ、竹や柴などをその上に渡した「柵」のことをいう。そこから物事をせき止めるもの、まつわりつくものという意味に転じた。

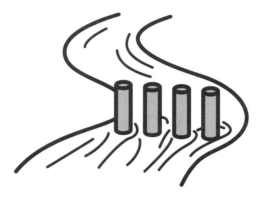

日本人のセンスが光ることば　その②

◎人を呪わば穴二つ
　この「穴」とは、「墓穴(はかあな)」のこと。人を呪って殺そうとすると、自分もその報いがきて、相手と自分の2つの墓穴を用意しなければならない、という意味のことわざである。

◎権化
　もともとは仏教用語で、仏や菩薩が人々を救うためにこの世に仮の姿となって現れること。「権」は仮で、「化」は化身。「悪の権化」などというが、由来からするとだいぶ違うニュアンスだ。

根回し

―根回しの語源は植木職人?―

樹木の移植後の生育不良を防ぐために、移植前にあらかじめ根の一部を切断して新しい根を育てる作業をしておくことに由来している。転じて、物事を成功させるために、事前に関係者から了承を得るなどの準備をしておくことを意味するようになった。

―合わせて何苦?―

　もともとは仏教用語で人間のあらゆる苦労を表したもの。生老病死の四苦に加えて「愛別離苦」「怨憎会苦」「求不得苦」「五陰盛苦」の四苦を加えて八苦となる。四苦と八苦で十二苦ではないので注意。現在では大いに苦しむことを意味する。

―「けんどん」とは何か?―

　漢字では「突っ慳貪」と書く。「慳貪(けんどん)」とはもともと「けちで欲深い」という意味があり、それを強調する「突っ」が接頭語としてついたもの。転じて、他人を思いやる気持ちがないこと、不親切な様子という、現在の意味になった。

日本人のセンスが光ることば　その③

◎**毛嫌いする**

　「毛嫌い」は、馬の種付けのときや闘鶏などに由来する言葉で、もともとは鳥獣が相手の毛並みによって好き嫌いすることからとされる。転じて、理由もなく、なんとなく嫌うという意味になった。

◎**さしがね**

　人形浄瑠璃などの操り人形を動かすために取り付けた棒のこと、また歌舞伎で小鳥などを操るための黒い竿が語源といわれる。そこから、陰の人間がそそのかして人を操る意味に転じた。

―「がらくた」ってどんなゴミ?―

「がら」は「ガラガラ」と物が触れ合う音、「くた」は、ゴミを意味する芥(あくた)の略か「朽(く)ち」が訛ったものと考えられる。つまり「ガラガラ音のするゴミまたは朽ちたもの」で「がらくた」。現在では物だけでなく人に対しても使われている。

日本人のセンスが光ることば　その④

◎腹芸

もとは、腹の上でやる曲芸や腹に描いた顔を動かす芸のこと。それが、役者がせりふや所作以外で心理を表現することをいうようになり、転じて言動によらずに物事を処理することになった。

◎おおわらわ

「わらわ」は「わらわ髪」という髪型からきている。髪を束ねていないおかっぱのような子どもの髪型で、戦などで大人が髪を乱してざんばら髪になることを「大童」といい、それに由来する。

大盤振る舞い

―振る舞った「大盤」とは何なのか？―

「大盤」は当て字で本来は「椀飯」。「椀飯」とは字のとおり、お椀に盛った飯のこと。平安時代の公式行事や儀式の際に、この椀飯が振る舞われたことに由来している。

第4章 さすが日本人！ 遊び心が隠されたユーモアいっぱいの語源

手練手管

―吉原の遊女が語源の言葉―

熟練した手並みという意味の「手練」で、自由自在に「管槍(くだやり)」を操ることが語源だという説があるが、真偽は不明。昔は遊女が客をひくためにあの手この手を使うことを表したが、現在では広く人を思いのままに操り、騙すことを意味している。

日本人のセンスが光ることば　その⑤

◎おしゃま

「猫じゃ猫じゃとおしゃますが……」という江戸時代の流行り歌の「おしゃます」が語源とされている。「おしゃます」は、「おっしゃいます」が詰まったものである。

◎もったいない

「もったい」は、物事の本質や本性を意味する「勿体(もったい)」が語源。それを「なし」で否定したもの。「もったいつける」や「もったいぶる」も同じ「勿体」からきている。

―「梨」と書くのに「梨」は関係ない?―

「つぶて(礫)」とは「投げる小石」の意味。当然だが、投げた小石は返ってこない。このことから、連絡してもまったく返事がないときの状態を表す言葉として使われる。なお、漢字では「梨の礫」と書くが、この「梨」は「無し」に掛けたもので意味はない。

日本人のセンスが光ることば　その⑥

◎にきび

　もともと「にきみ」といい、赤く熟した黍の実をいう「丹黍(にきみ)」が語源で、これが「にきび」となったという語源が最も有力な説。

◎ヒバリ

　雨の日には空に向かって飛ばず、晴れた日のみ空高く飛んで鳴くところから「日晴(ひはる)」といわれたことを語源とする。鳥の多くは鳴き声からの名づけが多いため、鳴き声説もある。

―負かす「ちょろ」とは何のこと?―

　その語源は「ちょろりと誤魔化す」からきたという説。他には江戸時代の伝馬船の中で、小型で速い動きのものを「ちょろ」と呼び、その「ちょろ」を負かすほどの素早い動きで相手に気づかれないことから生まれたという説など、さまざまな説がある。

日本人のセンスが光ることば　その⑦

◎なぞなぞ
「なぞなぞ」という言葉が生まれたのは古く、平安時代に遡る。なぞをかけられた人が、その答えを「何ぞ何ぞ?」と聞いたのが名詞化したものといわれている。

◎カエデ
　葉の形が蛙の手に似ていることから「かえるで」といわれ、それが「かえで」となったとされる。ちなみに「モミジ」ということもあるが、モミジは紅葉した葉の総称である。

―素人がお茶を点てるとどうなるか?―

お茶の作法を知らない素人が抹茶を点てると、お茶が濁るだけで美味しい抹茶は入れられないことから生まれた言葉。お茶を濁らせてごまかし、その場をとり繕うので、現在は、その場しのぎでいいかげんなことをしてごまかすという意味で使われる。

付き合い

―どんな人の集まりを「付き合い」と呼んだのか?―

室町時代に流行した連歌で次々に句をつないで歌をつくる「付合(つけあい)」に由来する。また、この連歌の集まりは「付合の会」と呼ばれ、それが略されて「付き合い」となり、人と人の交わり全般をいうようになった。

日本人のセンスが光ることば　その⑧

◎たらいまわし

今ではあまりいい意味で使われない言葉。もともとは江戸時代後期に人気があった曲芸のことで、仰向けに寝て足でたらいを回しながら、次々にそのたらいを受け渡すことからできたものだ。

◎札つき

もともとは商品に「正札」つまり値段の札がついていることで、転じて信用・定評がある人のことを意味した。これがいつしか悪い評価の意として使われるようになった理由は、定かではない。

―くだらない話が通じないその所以―

「下る」には「行く」「通じる」という意味があり、それに否定の「ない」がついて「通じない」となり、これが転じて「意味がない」「取るに足りない」という意味で使われるようになったという説が有力である。

日本人のセンスが光ることば　その⑨

◎おそまきながら
「遅まき」とは時期に遅れて種をまくこと。これに接続助詞の「ながら」がついた「おそまきながら」は「時機に遅れてしまったけれど」という意味になる。

◎やにわに
「やにわ」は戦場の矢を射る場所「矢庭」のこと。それに助詞の「に」がついて、「矢庭を去らずその場で」という意味となり、まさにその場ですぐに物事を行う様子を表すようになった。

――「冷たい」と痛い場所はどこか?――

　語源となったのは「爪痛し」で、これが「冷たし」となり「冷たい」となった。今とは違う昔の生活の厳しさを感じる言葉である。古くは「寒さ」そのものを表すことが多かったが、今では物などの温度の低さや体が触れたときのことに主に使われる。

日本人のセンスが光ることば　その⑩

◎そりが合わない
　「そり＝反り」は刀の反っている部分のこと。この反りが刀の「鞘(さや)」の曲がり具合に合わないと刀を鞘に収められない。これを人に例えると「気が合わない」ということになる。

◎シラをきる
　「シラ」の語源は「知らぬ」の略であるという説、または真面目や純粋を表す「しら(白)」からきているという説などがある。なお「きる」は「見得をきる」などと同じで、態度や言動を表す。

お茶の子さいさい

―「お茶の子」ってどんなヤツ?―

「お茶の子」とはお茶と一緒に出されるお菓子のことで、簡単に食べられるものの代名詞。また「さいさい」は民謡や小唄などに使われる「よいよい」「はいはい」のような囃子詞。つまり「お茶の子さいさい」は「これくらい簡単だよ、はいはい!」となる。

―どうして雷が鳴るとこれを唱える?―

菅原道真が死後に雷神となり京の町に数多くの雷を落とした。ただ1箇所落雷のなかったのが道真の領地の桑原だった。また雷神は桑の葉が嫌いだという伝説もあり、これらが転じて、災難や嫌なことを除くおまじないとして使われている。

日本人のセンスが光ることば　その⑪

◎よもやま話
「よもやま」は「四方山」。「山」は「四方八方」または「四面八面」の「よもやも」の「やも」が「やま」に変化した後の当て字。つまり四方八方、いろいろな方向の話、世間話という意味。

◎茶々を入れる
織田信長の姪「茶々」が豊臣秀吉の側室に入ったことが豊臣滅亡につながったことに由来している説、邪魔するの「邪」の「邪邪」が「茶々」に変わったという説の2つがある。

―母親をこう呼ぶのはなぜか?―

諸説あるが子宮や胎盤を「ふくろ」と呼んでいたことからというのが有力な説。本来は親しみをこめた呼び名であるのだが、古臭く年寄りめいたイメージがあるためか、現在では「おふくろ」と呼ばれて喜ぶ母親たちは非常に少ないに違いない。

―お灸(きゅう)が語源になった不思議な言葉―

お灸をすえるときに使った言葉。「最初にすえるお灸は皮を切るくらい痛い」という意味で「皮切り」と呼ばれた。それが、現在ではお灸に限らず、「物事のし始め」や「手始め」という意味で使われるようになった。

日本人のセンスが光ることば　その⑫

◎気さく
「気さく」＝「気」＋「さくい」。「気」は「心」のこと、「さくい」には「淡泊」とか「もろい」の意味がある。つまり「気さく」は心が淡泊。転じて性格や態度が気取らず、打ちとけやすいこと。

◎約束
「約」は糸を引き締めて目立たせた目印のこと、「束」は木を集めてひもで縛ることの意味をもつ。つまり「忘れないように目印をして緩まないように縛る」というのが語源である。

― 今「かわいい」とは何なのか？―

古語「顔映ゆし」が「かはゆし」→「かわゆい」→「かわいい」と変化した。またもともと「かはゆし」は「相手がまばゆいほど優れて顔向けできない」の意味だったのが、「恥ずかしい」「不憫だ」の意味になり、現在の「愛らしい」に転じていった。

日本人のセンスが光ることば　その⑬

◎やんちゃ

その由来には、子どもがいうことを聞かないときにいう「嫌じゃ嫌じゃ」が訛ったという説、「脂茶」の手に負えない粘りを「やんちゃ」な子どもにたとえたという説の2つがある。

◎千鳥足

「千鳥」の歩き方に由来している。千鳥は普通の鳥と違い、指が前3本だけで後ろにはないため、よろめいた歩き方をする。そのことにたとえてこの言葉が生まれた。

──本当の「がんばる」って何だろう?──

漢字の「頑張る」は当て字。語源には2つの説があり、漢字で書けばわかりやすい。ひとつは「眼張る」。つまり、一定の場所に目をつけて動かないという意味が転じたという説。もうひとつは「我(が)を張る」が転じたという説である。

日本人のセンスが光ることば　その⑭

◎営む

「いとなし(暇無し)」に動詞をつくる語尾「む」がついた言葉。暇がないほど「忙しく何かをする」「せっせと働く」ことを表し、現在では「準備する」「営業する」などの意味にも使われる。

◎ままごと

子どもの遊びのひとつであることから、英語の「mama(母)」からきていると思われがちだが、実は「まま」は食事の意味の「飯(まま)」が語源である。

―歌舞伎用語が語源の言葉―

　江戸時代の歌舞伎で、時代物を演じる一番目狂言の最後の幕のことをさした言葉に由来する。これが後に、歌舞伎に限らず、芝居や戯曲などでも最後の場面を表す言葉となり、現在では物事全般の最終局面、最終段階などを意味するようになっている。

―「あべ」と「こべ」の組み合わせから生まれた―

　もとは「あちらべこちらべ」を略した言葉。漢字では「彼辺此辺」または「彼方此方」。「彼」は遠方、「此」は近くを意味するので、「あべこべ」も本来は「あっちのほうこっちのほう」という意味だった。それがいつしか「あっちこっち逆さま」の意味に転じた。

日本人のセンスが光ることば　その⑮

◎風呂敷
　室町時代の蒸し風呂で、蒸気を拡散させるために風呂の床に布を敷いたのが起源で、現在の風呂敷は、江戸時代に銭湯が誕生し、自分の衣服を包むために布を使ったのが由来となっている。

◎おがくず
　「おが」は「おおがかり」の略で、2人で挽く大きなのこぎりのこと。この「おが」で木材を挽いたときにでる「くず」のことを「おがくず」いったことが由来している。

本腰を入れる

―武道がもとになった言葉―

　武道に由来する言葉。武道においては腰の強さや構えが重要になることが多く、腰が弱い、またはおろそかだと上達しない。そのことから「本気になる」「真剣に取り組む」など、何かをするときの気構えや姿勢を表す言葉として使われるようになった。

―負けるのは誰だ?―

　語源は「御負け」。字のごとく、店員が客との値引き交渉に負けて値段を下げることに由来している。現在では値引きだけではなく、対象の物品以外にサービスとして何かを追加することも、その意味に含まれる。

遊び心いっぱいの語源　その①

◎とんぼ
「とんばう」→「とうばう」→「とばう」と変化し、江戸時代から現在の「とんぼ」が使われた。語源は「とん」は「飛ぶ」、「ばう」は「は(羽)」または「ばう(棒)」という説がある。

◎旦那
　主に僧侶が、寺院に布施をする「施主」や「檀家」のことを呼ぶのに使った言葉。それが「面倒をみてくれる人」の意味になり、奉公人が主人を、現在では妻が夫を呼ぶときの言葉に転じた。

ひっぱりだこ

―引っ張られるのは「凧」か「蛸」か?―

タコの干物をつくるときに足を四方八方に広げて干すことに由来。だから本来の漢字は「凧」ではなく「蛸」。最初は罪人やはりつけの刑を表す言葉であったが、いつしか多くの人に手足を引っ張られる、つまり皆に求められる人気者という意味になった。

お釈迦になる

―「お釈迦様になる」のにどうして使えない?―

その由来には諸説あるが、鋳物職人がお地蔵様をつくるはずが間違えてお釈迦様をつくってしまったことから、失敗作や物が使えない状態になることをいうようになったというものが有力な説。

遊び心いっぱいの語源　その②

◎元の木阿弥
一度よくなったものが元に戻ることをさす言葉。戦国時代の武将筒井順昭が病死を隠すために影武者として利用された木阿弥という男が、役目を終えて元の身分に戻ったという故事から。

◎水かけ論
隣接した田を持った2人が口論をおこなう狂言「水掛聟」が由来とされている。先にあった「水かけ論」から「水掛聟」ができたという説もあり、まさに水かけ論である。

―どんな「ちょこ」?―

　諸説あるが、明治の新聞記者、野崎左文が酒宴で使った猪口が「へな土（質の悪い粘土）」で作られていたため、土が酒を吸って飲めなかった。そこで「へな土」で作った猪口を「へなちょこ」と名付けた。

遊び心いっぱいの語源　その③

◎しゃらくさい

　身の丈に合わずに生意気なさまを表す表現。語源は諸説あるが、江戸時代に成金が見た目を真似ただけの不相応なお洒落をしていることを「しゃらくさい」といったものが現在の意味に近い。

◎しんどい

　「心労」や「辛労」に由来するといわれる「しんろ」の子音交替形の名詞「しんど」を形容詞化したもの。ひどい疲れを感じる場合に用いられ、関西で使われていたものが広まった模様。

―いろは歌が語源となった言葉―

　もともとは実から繊維が取れるため「糸瓜」といわれていた。これが後に「とうり」に変わり、「と」はいろは歌では「へ」と「ち」の間にあることから「へち間」と呼ばれるようになったという、嘘のようでホントの話。

遊び心いっぱいの語源　その④

◎オタマジャクシ
　滋賀県にある多賀神社の縁起物の「しゃもじ」を授ける「お多賀杓子」という慣わしに由来。カエルの幼生の形がこの杓子に似ていたことから、言葉が転じて「おたまじゃくし」になった。

◎やぼ
　田舎者を表す「野夫」が変じたとされる説が有力。過飾気味の派手な服装やくどい説明などを形容する言葉として使われ、「粋」の反対語として「無粋」などと同様に用いられる。

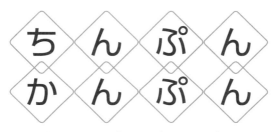

―言葉の由来も「ちんぷんかんぷん」?―

　江戸時代に儒学者が難しい漢字を音読みするのを聞いた庶民が、冷やかしでつくった造語「ちんぷんかん」を語源とする説が有力だ。それがなぜ「ちんぷんかん」なのかは不明。「ちんぷんかん」をリズムよくするために最後にも「ぷん」をつけた。

遊び心いっぱいの語源　その⑤

◎とどのつまり
　望まない結果に行きついた場合に使われる言葉。出世魚であるボラの呼び名が最終的に「トド」になることから「トドの詰まり」とするのが一般的な説。アシカ科のトドとは無関係である。

◎あんぽんたん
　「阿呆」と愚者をさす「だらすけ」を合わせた「あほだら」「あほんだら」から転じた言葉とされる。語感の軽さからか、馬鹿や阿呆と同じ意味でも軽い冗談のようなノリで使われている。

―本来は裸のことではない?―

「素っ裸」の「す」に、おなかの幼児語「ぽんぽん」がついてできたという説が一般的。今では素っ裸のこともそういうが、語源からすると本来は「おなかを出していること」で、残念ながら(?)裸のことではないのである。

遊び心いっぱいの語源 その⑥

◎松ぼっくり

松の実のことで「まつふぐり」から転じた言葉。実の形が睾丸に似ていることから、睾丸と同じ意味の「ふぐり」が使われたようだ。ちなみに漢字で書くと「松陰嚢」。

◎ゴリラ

ギリシャ語で「毛深い女部族」を意味する「ゴリライ」が由来。明治時代、「大猩猩」とも訳されたが、最終的に「ゴリラ」が定着した。

―「べっぴん」ってどんな品?―

「普通の品」とは違う「特別によい品」という意味の「別品」に由来している。本来は品物をさす言葉だったが、男女関係なく優れた人を表す意味に転じ、後に女性の容姿についていう言葉となり「別嬪」という字が使われるようになった。

コラム 4　日本人の細やかな情緒を感じる

12カ月の和名の語源

睦月＝旧暦の「1月」をさす言葉で読みは「むつき」。「睦び合う宴」を行う月という説や「元つ月」が転じて「むつき」と変化していった説、稲の実を水に浸すことを表す「実月(むつき)」が転じた説など諸説ある。旧暦では春の3カ月間の最初であり、季節を表す単語「新春」はこの睦月の頃をさす。

如月＝旧暦の「2月」をさす言葉で読みは「きさらぎ」。重ね着して寒さを凌ぐことをさす「衣更着(きさらぎ)」や、陽気が更によくなることをさす「気更来(きさらぎ)」などの読みを中国でも2月を表す「如月」という漢字に当てたとするのが通説。梅の花が咲く頃なので「初花月(はつはなづき)」とも呼ばれる。

弥生＝旧暦の「3月」をさす言葉で読みは「やよい」。草木が「弥々(いよいよ)生い茂る(いやおい)」を表している「弥生」を語源とし、発音が変化して今の読み方となった。「花月」「花見月」「桜月」「桃月」など、別称にも植物に由来する言葉が含まれているものが多い。

卯月＝旧暦の「4月」をさす言葉で読みは「うづき」。「卯の花が咲く月」を省略して「卯月」と呼ばれるようになったというのが有名な説。他には稲を植える作業に関係して「植月」「種月」「苗植月」などが転じた説がある。卯月の下旬頃は麦の収穫時期なので、「麦秋(ばくしゅう)」とも呼ばれる。

皐月＝旧暦の「5月」をさす言葉で読みは「さつき」。田植えの月を表す「早苗月(さなえづき)」が省略され、神に稲を捧げる「皐」に置き換えて「さつき」とした説が有力。今でいう梅雨の時期で「五月晴れ」や「五月雨」など、当時の人たちも天気に振り回されていたのがわかる言葉が残っている。

水無月＝旧暦の「6月」をさす言葉で読みは「みなづき」。「水の月」の「の」が「無」になった説と日照りのためや田畑に水を撒くために「水が無い月」からの説がある。由来が逆の意味を持っている面白い事例だろう。この時期は雷が多いため「鳴神月」「鳴雷月」とも呼ばれていた。

文月＝旧暦の「7月」をさす言葉で読みは「ふみつき」。諸説あり「文被月」「穂含月」「含月」などから転じたとされる。七夕のある文月では、織姫と彦星が年に一度逢う月ということから「愛逢月」のような艶やかな呼び方もある。

葉月＝旧暦の「8月」をさす言葉で読みは「はづき」。「葉落月」が「葉月」と呼ばれるようになったというのが有力な説。台風の季節から「南風月」、雁が渡ってくる月で「初雁月」や「雁来月」、逆に燕が去っていく月で「燕去月」とも。

長月＝旧暦の「9月」をさす言葉で読みは「ながつき」。有力だとされるのは「夜長月」が短くなった説。稲の刈入れの時期なので「穂長月」「稲刈月」「稲熟月」が略されたとされる説も。9月9日の菊の節句にちなんで「菊月」などの呼称もある。

神無月＝旧暦の「10月」をさす言葉で読みは「かんなづき」。全国の神様が出雲大社に集っていなくなることから「神無月」と名付けられたという。このため出雲大社のある島根県ではこの月を「神在月」と呼んでいた。一方で地元に残る「留守神様」もいて、有名な神様には「恵比寿様」や「道祖神」などがいる。

霜月＝旧暦の「11月」をさす言葉で読みは「しもつき」。「霜降月」が省略されたというのが有力な説。「神無月」から神様が戻ってくるとのことで「神来月・神帰月」などとも呼ばれる。冬支度をして冬を待つことから「雪待月」のような情緒深い呼び方もある。

師走=旧暦の「12月」をさす言葉で読みは「しわす」。「師が走り回る」を表した「師馳す」が変じたという説が有力かつ有名。一年の最後となる「大晦日」や「大晦」と呼ばれる日は、一年の穢れを払って歳神様を祀る神道の行事である。ちなみに除夜の鐘は煩悩を払うという仏教の行事。

第5章

うーむ、なるほど！素朴な疑問がスッキリする語源

―もとは何の「打ち合わせ」をしたのか?―

　本来は雅楽の用語で、「事前に練習する」という意味で使われていた。雅楽にはさまざまな楽器が存在し、それらの音をしっかりと合わせるのは簡単なことではなかった。だからこそ入念な練習が必要だった。今の打ち合わせとはずいぶん違う。

仕事で役立つビジネス用語　その①

◎接待
　もともとは仏教用語。お布施のひとつとして修行僧に門前で湯茶を提供することであった。見返りを求めずにもてなす。現代とはかなり異なる印象がある。

◎左遷
　「遷」は「遷都」などの言葉に見られるとおり「移すこと」を意味している。昔は右の位が高いとされており（右大臣が左大臣より偉い）、「左に移す」は降格を意味したわけである。

―偉いお坊さんになることだった?―

本来は仏教の用語である。俗世間の垢を落とし、煩悩を捨て去って解脱へと至ること。それを「出世間」と呼び、やがて「間」が取れて「出世」という言葉になった。そのような高貴さを、現代は明らかに失っていないだろうか?

仕事で役立つビジネス用語　その②

◎胡麻をする

実際に胡麻をすった方はおわかりだろうが、鉢の表面にかなりこびりつく。そんな胡麻の姿が他人にこびへつらう様子に連想され、今の意味になっていった。

◎お世辞

「世辞」は「世の中のこと(世事)に対し上手くかかわるための言葉」を意味していた。そのためには本音ではない誉め言葉を口にする人も多い。そこに意味が転じていった。

―語源はとある調味料?―

ラテン語で塩を意味する「sal」がついているのは、「salary」とは、ローマ兵が塩を買うために支払われた銅貨のことだったからである。それを稼ぐ人が「サラリーマン」というわけだ。

仕事で役立つビジネス用語　その③

◎ボーナス
英語の「bonus」の語源はラテン語の「bonum」。これは「良いこと」を意味する言葉だった。それが例外的な特別配当金に用いられ、今に至っているというわけだ。

◎キャリア
これもラテン語が語源で、「車輪のついた乗り物」を表す言葉に由来している。それがやがてレースを意味するようになり、今のような用法へと至った。

―必ずしも仲間というわけではない―

「僚」とは「役人」を意味する古語で、その役割や地位が同じである場合に「同僚」と呼ばれた。ちなみに「同」とは、「神に捧げる酒器」に由来するとの説があり、神の前で人々の気持ちがひとつになるところから、意味が生まれたとの説がある。

仕事で役立つビジネス用語　その④

◎秘書

もとは「宮中の蔵書」という意味。それを管理する部署のことを「秘書省」と呼び、実際に管理する職を「秘書監」といった。それが転じて今の用法へと至っている。

◎コネ

英語の「コネクション」の頭2文字からとったビジネス用語。友人や取引先など自分で作った人との繋がりをさし、血縁などのもとからある繋がりのことは「伝手」と呼ぶ。

―本当はありがたい言葉だった?―

　お役所を辞めた公務員が民間企業などに再就職することをさす「天下り」。その「天下り」の「天」は天皇のことを表す天子という言葉からというのが有力な説。それが転じてお役所全体をさすようになった。

「忖度」だらけ?　のお役所言葉　その①

◎忖度（そんたく）

　近年の政治ニュースで一気に流行語となった「忖度」。もとは「相手の意向を推し量る」という意味。漢語由来の言葉で、『詩経』の「他人有心予忖度之」が、最古の「忖度」の記述とされる。

◎おおやけ（公）

　「おお」は大きいことで、「やけ」は「家屋敷」のこと。つまり、「大きい家屋敷」という意味であった。それが転じて宮殿、ひいてはそこに住む天皇家をさすようになり、現在の使い方になった。

―現代ではありえないその理由―

　意味するところは「退職勧告」。それをどうして「肩たたき」と呼ぶようになったのか？　この言葉はお役所に由来している。上司が部下の肩を叩きながら諭すように退職を促す。今では少し考えにくい光景かもしれない。

「忖度」だらけ？　のお役所言葉　その②

◎首切り

　過去に行われていた斬首刑に由来している。かつては会社を解雇されるのは死にも等しい行いだった。そこから解雇に対して死刑執行のイメージがついたのだと考えられる。

◎リストラ

　「再構築」を意味する英語「restructuring」に由来する。企業の再生（再構築）を、単に従業員を解雇することで実現しようとした。そんな負のイメージが如実に表れている。

賄賂(わいろ)

―本来「賄賂」を渡す相手は誰だ?―

　もとは「神に対する贈り物」という説がある。それが転じて権力者への貢ぎ物になった。江戸時代にはすでに、「賄賂」を法律で禁じていたが、実情は黙認されていた。それが今につながっているのだと考えられる。

「忖度」だらけ? のお役所言葉　その③

◎リベート

　ラテン語の「打つ」という言葉に語源を持つ英語のリベート。本来は「値引きする」など普通の意味の言葉だが、なぜか日本では賄賂など負の意味を引きずっている。

◎袖の下

　他人に対して金品などを不正に渡す。つまり賄賂の意味を表すようになったのは、金品を人に知られぬよう着物の袖の下、袂(たもと)と呼ばれるところに隠したことに由来している。

―どうして腐っても切れない?―

「腐れ」という言葉には、「腐敗する」以外にも「鏈る」、つまり「つながり合う、つなぎ合わせる」という「鎖」につながる意味がある。「腐れ縁」とは、腐った縁であると同時に固くつなぎ合わされた関係という、いわば二重の意味が込められている。

―「にっち」と「さっち」ってどんな意味?―

　漢字で書くと「二進も三進も」。そろばん用語がルーツとなっており、「計算のやりくりがつかない」という意味を表す。それが転じて「やりくりがつかず身動きが取れない」という現在の用法へと至ったものとされている。

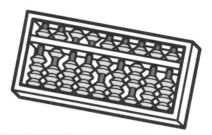

恋愛・男女関係にまつわる言葉　その①

◎ごたごた
　1260年に中国から来日した臨済禅宗の僧侶「兀庵普寧」。建長寺の責任者に就任したものの、すぐに帰国。そのときのトラブルから彼の名前がつき、「ごたごた」になった。

◎三角関係
　意味するところは男1人に女2人の構図。3人が角を突き合わせるから「三角関係」。今でいう「不倫」はいつの世も、シビアなものだったということだ。

―他人は持って遊んじゃいけない―

　漢字で書くと「持て遊ぶ」。文字どおり「持って遊ぶ」という意味を表す言葉であった。それが「身近に置いて観賞する」へと転じ、「自分のものように、思いのままに扱う」という現在の用法へとつながっていったわけである。

恋愛・男女関係にまつわる言葉　その②

◎おもちゃ
　上の「もてあそぶ」が名詞化して「もてあそび」、それが何度か転じて「おもちゃそび」へと至り、現在の「おもちゃ」になった。子どもが乱暴に扱うのも必然なのかもしれない。

◎二の舞
　もとは雅楽における舞楽。「安摩」という曲を踊った僧侶に対して2人の舞人が返し（二の舞）を踊った。しかしそれが滑稽なものに終わり、今の意味になったとされている。

―「不+しだら」から生まれた―

 「ふしだら」とは「不しだら」で、「しだら」がないことを意味している。「しだら」とは手拍子のことで、それがなければ物事に締まりがない。そこから締まりのない人間を表すようになり、現在へと至っているわけだ。

恋愛・男女関係にまつわる言葉　その③

◎だらしない
 「しだら」が変化した語の「だらし」がないこと。「ふしだら」よりもさらに的確に締まりがない様子を表している。なお、「しだら」には僧侶の袈裟(けさ)という意味があるとの説も存在する。

◎酒池肉林(しゅちにくりん)
 現在では女性を侍(はべ)らせる雰囲気が含まれているが、もともとは「池の水の如き大量の酒を飲み林のような肉を食う」との意味だ。殷の紂王(いんちゅうおう)による悪行が由来となっている。

―今とは形式の異なった昔の「見合い」―

この言葉の語源は「めあい」といって、漢字で書くと「妻合い」となる。しかし形式は今とはまったく異なり、仲人とともに男は女の家に行く。そこでオーケーであれば出された茶を飲む。女性の気持ちが無視されていたのは時代のなせる業（わざ）であった。

恋愛・男女関係にまつわる言葉　その④

◎恋愛
この言葉を作ったのは、明治初期の詩人・北村透谷（きたむらとうこく）だ。それまで日本語に「恋愛」は存在しなかった。「情熱」や「人生」なども編み出した透谷は、若くして自死を選んだ。

◎駆け落ち
これは中世末期から見られる言葉である。欠け落ちとして重税や貧困、悪事などの理由からよその土地へ逃げることを意味していた。それが男女の問題に転じた理由は定かではない。

―接着剤の原料としても使われたある生き物―

「にべ」とは魚の種類のこと。接着剤の原料として使われたにべの浮袋の粘着力の強さから、結びつきの強い人間関係をさす意味となり、ひどくそっけないことを「にべもない」と表現した。

―語源はポルトガル発カンボジア経由日本行き?―

　カンボジア語で「管」を意味する「クシェル」を語源とする説が今のところは有力である。またポルトガル語で「吸う」を発音すると「キソルベル」となり、こちらを採る説も見られる。煙管(キセル)の両端だけが金属である特徴から、中間の運賃を払わず「両端だけ金」を払う「キセル乗車」へ派生した。

犯罪・ギャンブル・勝負事の言葉　その①

◎スリ

　体をこすりつけるようにして人から物を盗む。そうした犯行の形から呼ばれるようになった。ちなみに漢字は「掏摸」で、「掏」には他人から「すくい取る」という意味がある。

◎ダフ屋

　チケットを意味する「札」をひっくりかえして「ダフ」。それを販売するから「ダフ屋」。闇の商売をする人が好んで使った隠語が始まりだ。

―最初に「リンチ」をしたのは誰か?―

アメリカで白人が黒人に加えた残虐な暴力行為を「リンチ」と呼び、それがそのまま日本にも入ってきた。由来には2つの説があるが、いずれもささいなことで黒人に残虐行為を行った、リンチという人物の名前である点は共通している。

犯罪・ギャンブル・勝負事の言葉　その②

◎ハイジャック
今は飛行機専門だが、もとは車でも店でも人でも強盗が共通して使う言葉だった。「Hi Jack！」とは「手を上げろ！」の意味。空高く飛ぶ飛行機とは関係がない。

◎ゲリラ
まさにその行為のとおり「小戦争」という意味の言葉に由来する。ナポレオン1世がスペインに攻め込んだとき、抵抗勢力により奇襲戦法を行ったことが始まりといわれている。

――猫が隠している「ババ」とは?――

「ネコ」は動物のことで「ババ」とは糞のこと。猫が糞をした後に砂をかけて隠すことからたとえたもの。猫好きの老婆に盗み癖があったことから、「ネコババア」が転じたという説も一部ではいわれている。

犯罪・ギャンブル・勝負事の言葉　その③

◎野次馬

語源は「親父馬」。仔馬のことが心配で、どこでも必ずついてくる。そんな様子が火事現場などに集まる見物人そっくりということで、「お」だけがとれて今の意味になった。

◎自首する

その字面から「自ら首をさしだす」というイメージだが、実はこの「首」という字は「述べる」という意味。そもそもの意味は「自ら罪を述べる（告白する）」ということである。

― 「万」は関係なかった？―

「1万円以上の物を盗むから」などというのは俗説。由来は「間引き」で、作物の生育をよくするために不要な苗を引き抜き調整する。それが間からこっそり抜くイメージに重なり、言葉が訛って「まんびき」に転じていったわけである。

犯罪・ギャンブル・勝負事の言葉　その④

◎迷宮入り
「迷宮」とはギリシャ神話に登場するラビリンス。一度入ると簡単には抜け出せない。ここから、出口＝犯人が見つからない事案を「迷宮入り」と呼ぶことになった。

◎片棒をかつぐ
古き日本のタクシーである駕籠は2人で1本の棒を担ぐのが当たり前。協力して何かをなす意味が悪いほうに転じて、悪事に加担する意味で使われるようになった。

―昔は集団でやらなかった？―

「いじめる（苛める、虐める）」が名詞化されたもの。残念ながら定説は存在しないのだが、たとえば「意地悪」といった言葉に使われる「意地」と関係があるともいわれている。「意地悪をする」が転じた可能性もあるかもしれない。

犯罪・ギャンブル・勝負事の言葉　その⑤

◎いやがらせ

相手が嫌がることをする、それが名詞化して「いやがらせ」になった。「わざと嫌がるように仕向ける」との意味であり、決して歓迎できるものではない。

◎一杯食わせられる

もとの意味を遡ると、数の1杯ではなく「たくさん」おかしなものを食べさせられるという形になる。現代の発音は前者の意味になっているが、どこかで混同が起こったのであろう。

―「手」ではなくて「足」の理由―

　言葉の由来は、足が何かに触れるということではなく、「足跡がつく」という意味だ。昔は今とちがって道路も舗装されていない。うかつに悪いことをしてしまうと、足跡から自分が犯人だとバレてしまう。そんなことから今の使い方になった。

犯罪・ギャンブル・勝負事の言葉　その⑥

◎足を洗う
　もとは仏教に由来する言葉だ。当時の僧侶はみんな裸足で、一日の修行を終えると足は泥だらけ。足を清めて明日を迎えるとの意味が、悪からの更生に転じていったわけである。

◎ピンはね
　この「ピン」の語源は、ポルトガル語で「点」を意味する「pinta（ピンタ）」。日本では「最初」や「1割」という意味で広まり、「上前をはねる」ことが「ピンはね」になった。

濡れ衣

――どうして衣は濡れたのか?――

娘の美しさを妬んだ継母が、娘には漁師の恋人がいると嘘をつき濡れた着物を置いておく。それに怒った父が娘を殺す。そんな逸話が『後撰集正義(ごせんしゅうせいぎ)』にある。事実無根は現代と同じでも、浮き名によっているところがもとの特徴であるといえる。

―163でも成立していた?―

花札に由来するというのが有力な説だ。花札では数字の末尾が9になることを「カブ」と呼び勝利を意味する。8、9と続けば次に期待するのは当然2。しかし3が出てしまった。最低という意味で「893(やくざ)」になったとされている。

犯罪・ギャンブル・勝負事の言葉　その⑦

◎仁義
本来「仁義」は、儒教道徳の根本理念のこと。これがその筋の人たちの間で、初対面の挨拶や礼儀、おきてを意味するようになった。挨拶を意味する「辞宜」が転じたとされる。

◎賭博
「賭博」は、金品を賭けて勝ち負けを争う、ばくちのこと。一見ばくちとはまったく無関係に見える「博」という字だが、すごろくや囲碁、賭け事などの意味がある。

―最初に「八百長」をしたのは誰か?―

相撲界に由来する言葉で、伊勢ノ海という親方を店のお得意さんにしていた「八百屋の長兵衛」という人が、世話になっているのでいつも囲碁でわざと負けてやっていた。そこから「八百長」の呼び名が生まれたとのことである。

犯罪・ギャンブル・勝負事の言葉　その⑧

◎いかさま

漢字で書くと「如何様」。これ自体は「どのような」という意味だが、それが転じて「いかにも(そのように見せかける)」となり、今のような使われ方をするに至った。

◎いんちき

前半の「いん」は「いかさま」に由来。そして後半の「ちき」は「高慢ちき、とんちき」など人の様子を表す言葉である。端的にいえば「いかさま野郎」ということになる。

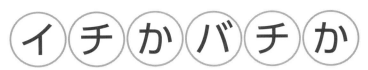

—2や7ではダメな理由とは?—

これには2つの説があり、ひとつには「サイコロの1が出るかしくじるか（罰せられるか）」という説。もうひとつは丁半という漢字のそれぞれ上の部分だけをとったという説。どちらにしても博打に由来する言葉である点では同じだ。

犯罪・ギャンブル・勝負事の言葉　その⑨

◎四の五の

これもサイコロの目に関する言葉。「一も二もなく」は即座に。それが四や五になるまでグダグダしている、そんなときにはつい「四の五のいうな！」といいたくなるわけだ。

◎でたらめ

これも同じくサイコロだ。「出たらその目」が省略されてこの言葉になった。それが「思いつくまま、いいかげんに」といった意味に転じ、漢字の「出鱈目」は完全な当て字である。

―鳥は鳥でもなぜカモなのか?―

 ここでいう「カモ」とは、まさに鳥の鴨のこと。鳥のなかでは比較的捕まえやすい。それがギャンブル初心者を表す隠語として用いられるようになった。鴨鍋の材料であるネギを背負っていけば、食い尽くされること必至である。

犯罪・ギャンブル・勝負事の言葉　その⑩

◎ぼる

　「(暴利を)むさぼる」の「ぼる」から、という説が有力だが、1917年に制定された「暴利取締令」の「暴利」そのものに由来するという意見もある。

◎ぼんくら

　賭博の盆のうえで目の前が暗い(目が利かない)、つまりは簡単に負けてしまうとの意味から「盆暗」という説、またお盆の時期に造った蔵は出来が悪いから「盆蔵」という説の2つが存在する。

―思う壺ってどんな"壺"?―

　ここでの壺とはギャンブルでサイコロを振るために使うもの。仮に胴元が望むとおりの目を出せれば、絶対に負けることがない。そんなふうにして破れていくギャンブラーを見て、胴元はまさに「思う壺」とほくそ笑むわけだ。

犯罪・ギャンブル・勝負事の言葉　その⑪

◎**ちゃらにする**

　「ちゃら」の意味は「口から出まかせをいう」、あるいは「貸し借りをなしにすること」。「ちゃらにする」は後者の意味が残ったもので、前者は「ちゃらんぽらん」などにつながっている。

◎**あみだくじ**

　今と違い、もともとの「あみだくじ」は放射状に線を引いていた。その放射状の形が、阿弥陀如来の後ろに広がる光背に似ていることから「阿弥陀くじ」と呼ばれるようになった。

―なぜ「馬」がいる?―

　江戸時代の旗本は必ず「下馬先」と呼ばれる場所で馬を降り、あとは歩いて登城する決まりになっていた。お付きの者はそこで帰りを待つ間、さまざまに互いの君主を評価し合った。下馬先での評定(ひょうじょう)が詰まって「下馬評」。それが由来となっている。

犯罪・ギャンブル・勝負事の言葉その⑫

◎互角

　もとの漢字は「牛角」と書いた。牛の角は右も左も同じような太さであり優劣を決めることが難しい。それが転じて接戦を表す意味に。よって「互」はイメージにもとづく当て字である。

◎ダメ押し

　「駄目」とは囲碁の言葉で、白と黒の間にあるどちらでもない目のこと。勝負が決したあと、差を判定するためあえて駄目にも打つ。それが転じて「念を押す」との意味になった。

―かついだ「げん」とは何か?―

もともとは「縁起をかつぐ」。「縁起」が反転して略され「げん」になったという説と、修行を積んだ効果や効き目を意味する「験」が置き換えられて「げんをかつぐ」になったという説、現在では2つの説が有力となっている。

犯罪・ギャンブル・勝負事の言葉　その⑬

◎本命
本来の読み（呉音での読み）は「ほんみょう」。陰陽道において生まれた年によって定められている特定の星、ないしは干支を意味する言葉であった。重要なことを決めるときは星回りを気にする。それが転じて今のような使い方になった。

◎麻雀
原型は中国の「馬吊（マーティアオ）」というカードゲーム。「麻雀」の語源には諸説あり、「馬吊」の別名「麻将（マーチャン）」の「将」を「雀」に変えたというのが通説となっている。

―日本でしか通じない「トランプ」のワケ―

　もともと「trump」という英語には「切り札」という意味しかなく、カードゲームやカード全体は含まれていなかった。ゲームに興ずる外国人を最初に見たとき「トランプ」という言葉がよく飛び交っていたので、勘違いしたというのが定説だ。

犯罪・ギャンブル・勝負事の言葉　その⑭

◎花札
　もとは札ではなく「花かるた」という呼び方が一般的だった。しかし、トランプが日本に入ってきた影響で札のイメージが強くなり、この呼び方になったと考えられている。

◎かるた
　ポルトガル語で「carta」が語源。もとはカードゲーム全般を意味していたが、花札などの登場により、今に伝わる遊び方に特化していくことになった。

―おとぎ話の「鬼」とは違う?―

　漢語では「鬼」は亡くなった人の魂を意味し、書物の意味を持つ「籍」と合わせた「鬼籍」は、死人が記載された記録帳のこと。「鬼籍に入る」は閻魔大王が持つ死者の名前や年齢などを記載したあの世の戸籍に入ること、つまり人が亡くなることを意味する。

語源を知っておきたい慣用句　その①

◎ 眦(まなじり)を決す

「眦」は目じり、「決す」は堤防が決壊するの「決」で「裂く」という意味。つまり激しい怒りや決死の覚悟によって「目じりが裂けるほどに大きく目を見開いた様子」のことをいう。

◎ 嚆矢(こうし)とする

「嚆矢」とはブーンという音を立てて飛ぶ矢で、昔の中国では開戦の合図として敵陣に飛ばした。このことから「嚆矢とする」は物事を「始めるきっかけとする」や「起源とする」の意味を持つ。

茶毘(だび)にふす

―「茶毘」とは一体何?―

「茶毘」は「火葬」のこと。「茶毘」という漢字に意味はなく、もともとはインドの言葉パーリ語の「ジャーペーティ(燃やす)」に由来する仏教用語である。そのため正式には、神道やキリスト教の信者を火葬する場合には使わない。

語源を知っておきたい慣用句 その②

◎干戈(かんか)を交える
「干」は「盾(たて)」、「戈」は「矛(ほこ)」のこと。「干戈を交える」は盾と矛をぶつけあって戦うこと、つまり「戦争をする」という意味で使われる。

◎秋波(しゅうは)を送る
「秋波」のもとの意味は、秋の川面に立つさざ波のこと。転じて女性の涼しげな目元を表し、さらに「秋波を送る」は「女性が男性の気をひくための色目(流し目)を使う」という意味になった。

――もとは誰が誰に水を向けたのか?――

自分が聞きたいことを相手に話させるように持ちかけること。巫女が精霊や死霊を呼び寄せ、自分の口を通して思いを語ってもらう「口寄せ」に由来する。これを行う際に巫女は水にシキミの葉を浮かべ霊を誘うことから「水を向ける」というようになった。

語源を知っておきたい慣用句　その③

◎膝を打つ

急に何かを思いついたときや深く感心したときに、人がよくとる行動に「膝をポンと叩く」動作がある。このことから「なるほど!」「分かった!」と思ったときの様子を表すのに使われる。

◎人口に膾炙（かいしゃ）する

「膾」はナマス、「炙」はあぶり肉。これらは昔の中国では人気料理で、あらゆる「人の口」に好まれることから、「人口に膾炙する」は「広く人に親しまれ、もてはやされる」の意味で使われる。

鎬(しのぎ)を削る
—「鎬」とは何のこと?—

相手に負けまいとして激しく争うこと。「鎬」は刀の刃と峰のあいだの盛り上がっている部分をさし、その鎬が削れ落ちるほど激しく刀で斬り合うという様子に由来しており、後に刀を使わない争いにも使われるようになった。

語源を知っておきたい慣用句　その④

◎埒(らち)もない

「埒」は馬場の周囲に設けた柵のこと。これが転じて物事の区切りや順序の意味になった。つまり「埒もない」は「秩序がなく、とりとめもないこと」を意味する。

◎火ぶたを切る

火ぶたとは火縄銃の火薬を詰める火口を覆うふたのこと。火ぶたを開いて点火する様子から、物事を始めることやきっかけをさす。「口火を切る」の「口火」も火縄銃にまつわる言葉である。

―茶を沸かしたのはなぜか?―

　語源は諸説あるが、一番有力なものが「へそを茶化す」がどんどん変化した説。「茶化す」は江戸時代の浄瑠璃に出てくるいい回しで、「へそを見せるような人は周りから大笑いされた」ということからこういうようになった。

語源を知っておきたい慣用句　その⑤

◎雲泥の差
　天を表す「雲」と地を表す「泥」で、2つの物事の差が非常に大きいことを意味する言葉。中国の詩人「白居易(はくきょい)」の詩が語源とされ、日本でも菅原道真が使用するなど歴史ある言葉である。

◎ドジを踏む
　まぬけなことをして失敗やへまをすることをいう。江戸時代に、相撲で土俵から足が出てしまうことを「土地を踏む」といっていた。それが転訛して「どじ」となった。

―「爪に火をともした」意外なワケ―

江戸時代には火をともすろうそくは高価だったため、代わりに自分の爪に火をともすほど倹約するという意味だ。実際には「つめ」は「粗悪な煤」=「粗悪な石炭」=「粗煤」の読み方が変化して「つめ=爪」になったとの説がある。

コラム 5　昔の日本人のセンスに脱帽!

近代の「名翻訳」「造語」の語源

銀行＝英語で銀行を表す「BANK」を翻訳する際、お金を表す「金銀」と中国語で店を表す「行」を合わせて「金行」「銀行」の案ができ、語呂のよい「銀行」が採用されたもの。「BANK」の語源は北イタリアの両替商が使用していた「BANCO」と呼ばれた長机を起源とする説が有力。

経済＝古代中国の「経世済民」または「経国済民」が略されたもの。本来は「世を統治し、民を救済する」という意味で、「政治」と訳したほうが近い言葉。もともと日本でも政治政策の意味で使われていたが、次第に経済活動をさす言葉に変化していった。

世紀＝英語「century」の訳語で、主に西暦を 100 年区切りで表す場合に用いられる。漢語では事柄に関連付けてまとめられる年代や時代を表した用語として使われ、「世紀の大発見」「新世紀」「映像の世紀」などのような表現にも使用される。

郵便＝伝令の中継地点を意味する「郵」と手紙を指す「便」を合わせて名づけられた単語。日本の郵便事業は明治 4 年に前島密(まえじまひそか)により国営事業として開始され、平成 19 年 10 月の郵政事業民営化に伴って国営から民営に移行したのは記憶に新しいだろう。

哲学＝ギリシャ語で「知を愛する」を表す「philosophia」にあたる英語「philosophy」を西周(にしあまね)(明治時代の啓蒙家)が翻訳した言葉。古代西洋から培ってきた世界の真理を探る学問としての面と、個人の中にある経験などから得られた信念や人生観を表す面の 2 つの意味で用いられる。

形而上＝ギリシャ語で「自然学書の次の書」を表す「ta meta ta physika」が由来。哲学の中の一分野。「形而」または「形而下」

は物理的な概念をさし、「心」や「記憶」といった形のない「上」の存在を表現するために「形而上」という言葉が生み出された。

純文学＝作者の純粋な芸術意識を文章とした文学と位置づけされた近代文学の用語で、大衆文学の対義語。作為的な演出性を排除し、人間の感情や現実を的確かつ綺麗に表現する文学として定義されたものを呼ぶ。

為替＝動詞「交わす」の連用形を名詞化した「かわし」が、のちに「かわせ」に変化したもので「為替」は当て字。起源は鎌倉時代の「替銭」や「替米」にまで遡り、金銭や米と交換して発行された割符を手形としてやり取りしていた。

野球＝第一高等中学校の「中馬庚（ちゅうまんかなえ）」という野球部員がベースボールを「野球」と訳したのが始まりといわれている。ちなみに「中馬庚」は野球史に貢献したとして後に野球殿堂入りをしている。なお、日本に入ってきた当初はそのままベースボールと呼ばれていた。

論理学＝語源にはギリシャ語の「logos」やラテン語の「logue」など諸説があり、英語の「logic」の日本語訳。文字が似ている理論とは関係性や関連性が高いものの、因果関係を明確にする理論とは違い、論理学は思考の法則や形式を考察する哲学の一分野である。

科学＝ラテン語の「scientia」が語源で、日本では明治初期に入ってきた英語の「science」の訳語である。「科」は学科や外科内科といった分類をさす言葉で、観察や実験などの蓄積によって体系づけられた学問の総称をさして「科学」と呼ぶ。なお、「科学」単体をさす場合は「自然科学」が該当する。

第6章

デキる大人は知っている！教養として身につけたい語源

―チョー元気なのにはワケがある!―

「ガット」の複数形で「ガッツ」。もとの意味は動物のはらわたのこと。それが日本では「肝っ玉が太い」などの意味に転じたとされているが、詳細は不明である。なお、テニスラケットのガットにも昔は動物の腸が使われていた。

日本語になった外来語　その①

◎ナイス
　語源はラテン語の「ネスキレ」。「知らない」という意味。それがなぜか「気難しい」へと転じ、「潔癖」という肯定的な意味になり、「素晴らしい」にまで至った不思議な言葉である。

◎オーケー
　諸説あるが、「All Correct（何も問題はない）」と書くべきところ、誤って「Oll Korrect」と書いてしまったことが始まりのようである。それを略して「OK」となったわけだ。

エチケット

―ワインのラベルを「エチケット」という理由―

古いフランス語で「貼り付ける」という意味の言葉に由来している。ここから荷札のことを意味するようになり、相手の身分によって形式を変える必要があることから、現在のような意味になったとされている。

日本語になった外来語　その②

◎スタミナ

ギリシャ神話に出てくるラテン語「stamen（スタメン）」が語源。この言葉は「糸」という意味だが、神話の中では人の運命を決める「寿命の糸」のことで、これが切れることは死を意味した。

◎ジグザグ

英語の「zigzag」が語源。もとをたどると「のこぎりの歯」を意味するフランス語の「zag」やほぼ同義のドイツ語「Zacke」に由来するとされる。似た言葉の「ギザギザ」はれっきとした日本語。

—「ピン」と「キリ」はどっちが上?—

「ピン」はポルトガル語の「ピンタ」で「1」もしくは「最上」を表す。「キリ」は「クルス」に由来し、十字架=「10」を表したが「終わり」や「最低」という意味に転じていった。ただ、後者はやや強引な感があり、日本語の「切り」とする説もある。

日本語になった外来語　その③

◎アリバイ
英語の「alibi」が語源とされており、それはさらにラテン語の「alius ibi＝他のところに」に由来している。日本では探偵小説で用いられ、大正から昭和にかけて普及した。

◎アジト
英語の「agitating point（アジテーティング・ポイント）」の略で、反体制的行動や組織犯罪を行う際の拠点という意味を持っている。

カ ス テ ラ

—ポルトガル発祥ではなかった?—

　ポルトガル語の「パオ・デ・カスティーリャ」が語源とされており、この言葉はスペインのカスティーリャ地方で作られるパンという意味だ。室町末期にポルトガル人の持ち込んだ焼き菓子がこの名前で呼ばれており、それが定着した。

日本語になった外来語　その④

◎サンドイッチ
　18世紀イギリスの貴族・サンドイッチ伯爵。彼はカードに夢中になるあまり食事の時間ももったいなかった。そこでハムや野菜をパンにはさんで食べた。それが由来とされている。

◎イクラ
　語源はロシア語の「イクラ」。本来は「魚の卵」、「小さな粒状のもの」全般を表す言葉であった。たまたま鮭の卵をこう呼んだのを耳にした日本人が国内に広め、現在の意味が定着した。

—江戸時代から使われた当て字—

　これはポルトガル語の「capa」に由来する言葉で、日本に来航したポルトガル人から伝えられた外着としての「capa」が耐水性にもすぐれていたことから、雨具として利用されるようになった。それが雨具全般を表す言葉になっていったというわけである。

日本語になった外来語　その⑤

◎**卓袱台**（ちゃぶだい）

　諸説あるが、中国語でテーブルを意味する「卓袱」(しっぽく)に由来するとの説が最も有力だ。あるいは、食事を意味する「吃飯」(ちゃふん)の可能性も指摘されている。

―「ド」が選ばれたのはなぜか?―

　ここでいう「ド」とは、1906年にイギリス海軍が建造した戦艦ドレッドノートのことを意味している。当時怖いものなしといわれた軍艦にたとえて、まず「ド級」との表現が生まれた。これに超の字がついてさらに無敵、それが「超ド級」だ。

日本語になった外来語　その⑥

◎カンパ

　ロシア語の「カンパニア」が語源とされている。大衆に行動を促す、そのためには資金が必要となる。それが転じて「資金を募る」という意味で使われるようになった。

◎ボール紙

　英語「ボード」＝板に由来する言葉。ボードは「ボールド」と表されていた時代があり、「ル」ではなく「ド」のほうが取れて、板のような紙＝ボール紙へと転じたわけだ。

ハネムーン

―「月」があるそのワケ―

英語「honey(蜜)+moon(月)」から構成。新婚期1カ月は「蜜」のように甘いこと、「満月」のようにすぐ欠けてしまうこと、などに由来する。なお、新婚旅行はその間に行くことから派生した。

―腐らないその理由―

　語源には諸説あるが、最も有力なのはポルトガル語の「mirra」。これは「防腐剤」を意味する言葉で、古代エジプトでミイラを作る際にも防腐剤が使われていたことから、ミイラそのものの意味へと転じていったとされている。

日本語になった外来語　その⑦

◎**グロテスク**
　語源はイタリア語の「グロッタ（人工の洞窟）」である。15世紀末の装飾家が、洞窟に描かれた文様をもとに作った装飾が余りに不気味であったため、今のような意味になった。

―語源を知るだけで叫びそうな「断末魔」の由来―

仏教用語としての「末魔」。それを断つから「断末魔」。これが悪い奴なら問題ないのだが、何と「末魔」とは急所のこと。それを切られれば、死に値するほどの苦しみも頷けるところ。だからこそ人は叫び、その苦しみを露わにするのである。

仏教用語に由来する言葉　その①

◎いまわのきわ

もとは「いまは」と書いて、「今は限り」という意味を表す言葉であった。これに「際」が強調として付けられ、死に際や臨終を表すようになったとされている。

◎辛抱(しんぼう)

もともとの漢字は「心法」と書いて、仏教では心の働きの総称の意味で用いられる。その本質を会得するには非常に多くの苦労が必要となる。それが転じて現在の意味になった。

― 台が無くて困るのは誰か?―

ここでいう「台」とは仏教でいう「台座」のこと。それがなければ教えの根本が崩れてしまう。それに匹敵するほど本質の部分に問題を抱えている、まるで台座を無くした仏教のようだ。それが転じて「台無し」という言葉になった。

仏教用語に由来する言葉　その②

◎上品

仏教では極楽浄土を9つの「品(ほん)」に分ける。その一番上の段階が「上品」に当たり、仏教用語では「じょうぼん」と読む。「下品」は一番下で、同じく「げぼん」と読む。

◎愛敬

これも仏教用語からきている言葉だ。古くは「あいぎょう」と読み、仏や菩薩の柔和で慈悲深い表情を表すものとされていた。何だか現代のイメージとは大きく異なる。

―「苔」のことではない?―

「こけ」は仏教用語の「虚仮」のこと。虚仮とは、実体がない、内心と外面とに違いがあるという意味で、悟りの境地に至るとすべての虚仮がなくなり、ありのままの姿「実相」が表れるとされる。

観念する

— 世界に広まった仏教用語 —

「観念」とは、浄土宗の開祖である法然が説いた念仏の方法「観想念仏」の略。「観想念仏」を行うと覚悟が得られるとされる。その覚悟とは悟りの境地のことだが、転じて「腹を決める」という意味で使われるようになり、今のような意味になった。

仏教用語に由来する言葉　その③

◎えこひいき

「えこ」は漢字で「依怙」と書き、もとは「仏様を頼りにして依りかかる」という意味の仏教用語。依りかかってきた人を仏は公平に「贔屓」してくれるが、人間には難しい。

◎シャバ

服役中の罪人が塀の外のことをいう言葉。漢字で「娑婆」と書き、もともとは意外にも仏教用語。サンスクリット語の「忍耐」を意味する「saha」が語源で、吉原の遊郭で広まった。

ほら吹き

― 「大ぼらを吹いた」のはお釈迦様だった?―

「ほら」は漢字で「法螺」。仏教では、仏陀(ぶっだ)の教えが民衆に広く届くことを法螺貝を吹くことにたとえた。転じて、お釈迦様のように偉そうな説教をすることをいうようになり、大げさなことをいう人を意味するようになったとされる。

仏教用語に由来する言葉 その④

◎図に乗る
仏を讃(たた)える声楽である「声明(しょうみょう)」が由来の言葉。この声明の調子が変わるところについていた印を「図」といい、上手く歌えたときに「図に乗った」といった。それが現在の意味に変わった。

◎あまのじゃく
語源は2つある。ひとつは日本神話に出てくる「天探女(あまのさぐめ)」というひねくれ者の神から。もう1説は、仏教に由来する「天邪鬼」という小鬼で、人間の煩悩を象徴したものだ。

―仏の教えはお道化ながら説かれた?―

語源には諸説あるが、そのひとつが仏教用語の「道化」説。「道化」は、道法をもって教化(きょうげ)することで、仏の教えを説いてまわること。しかし、庶民には難しい話なので、客寄せのためにふざけた身振りや滑稽な話もしたことに由来するというものだ。

仏教用語に由来する言葉 その⑤

◎仏の顔も三度

いったい何を「三度」すると仏も怒るのか? もとは「仏の顔も三度撫(な)ずれば腹立つ」が略されたもので、いくら慈悲深く、寛大な仏でも三度も顔を撫でられたらキレるよ、ということである。

◎相好(そうごう)をくずす

硬い表情から一変して笑顔になること。「相好」とは、仏教用語の「三十二相八十種好(さんじゅうにそうはちじっしゅこう)」を略したもので、仏の立派な身体的特徴をいう。後に、表情を意味するようになった。

―音からではなく、もとは仏教用語―

擬音語と思われがちだが、実は仏教用語の「我他彼此(がたひし)」がもとになっている。「我他」は自分と他人、「彼此」はあれ（彼）とこれ（此）で、対立していることをいう。転じて、物事がうまくかみ合わない状態をさすようになった。

仏教用語に由来する言葉　その⑥

◎往生
今では単に死ぬことを意味する言葉だが、もとは極楽浄土に行って生まれ変わることをいう仏教用語。転じて、「渋滞がひどくて往生した」など、死ぬほど困ったという意味でも使われる。

◎金輪際
もともとは仏教の宇宙観にある「金輪(こんりん)」に由来する。「金輪」は大地の層のことで、その金輪の際、大地を掘り下げていった底の底を「金輪際」という。そこから絶対や心底という意に転じた。

―どんなときに「億劫」になるか?―

　漢字で「億劫」と書くが、もとは仏教用語で本来「おくこう」と読む。「劫」はサンスクリット語の「kalpa」が語源で、気が遠くなるくらい長い時間のこと。そこから、あまりに時間が長くかかって大変で面倒だ、ということで今のような意味になった。

斟酌（しんしゃく）

―語源を知れば意味も読み方もわかる―

もともと「斟」は分量を探って汲むこと、「酌」はひしゃくで汲むことで、つまり「斟酌」は杯の分量をはかって酒や水を汲み分けるという意味があった。そこから「相手の事情を汲む」「心を推し量る」という現在の意味になった。

人情味あふれる語源の言葉　その①

◎御の字
非常に満足したことを表す言葉で、もとは遊郭で使われていた。尊重や敬意などに使う「御」の字を付けたくなるほどという意味で、現在だと想定より良かった程度の認識で使われることが多い。

◎おみやげ
「みやげ」の語源は諸説あり詳細は不明。もともとは「その土地の産物」を表す「土産（とさん）」が室町時代の頃から「みやげ」と混用され、後に当て字として使われるようになった。

おすそわけ

―「裾」に込められた意外な意味―

漢字で「御裾分け」と書き、「裾分け」の丁寧語。「すそ」は着物の「裾」をさし、最も地面に近い末端にあることから「つまらないもの」「粗末なもの」という意味がある。他人から貰ったものの一部を知人に分け与えるときに使う。

人情味あふれる語源の言葉　その②

◎しきたり
「してきた」から変じた言葉で、長く続いてきた規則をさす。家庭や職場の部署など小さなコミュニティで使われるもので、その規則に良し悪しは関係ないため非常に理不尽なこともある。

◎かいかぶり
もとは「相場より高いものを買って損を被る」という意味のものが、後に意味が変わったもの。人を実際より高く評価することをいうが、他人からの高評価を否定するのに用いられることが多い。

―最初に「もてなした」のは誰か?―

　語源は「ものを持って成し遂げる」という意味。もともとは平安、室町時代の茶の湯から始まった言葉だといわれており、大切な客に対しての気遣いや心配りのあるたしなみ、ふるまいや態度のことをいう。

―もともとは「からかう」の意味だった?―

漢字では「煽て」と書き、もともとは「騒ぎたてる」や「からかう」などの意味もあったが、後に「煽(あお)り立てる」「扇動する」という意味だけが残った。つまり、煽り立てるように褒めて、その気にさせることをいう。

人情味あふれる語源の言葉　その③

◎かまをかける

農具の「鎌」でひっかけるが如く、誘いにかけて相手の本音を自然にしゃべらせることをさす。言葉巧みに誘う姿はある種のずる賢さを感じさせてしまう。短く「かまかけ」とも。

◎うんざり

飽きる、嫌気がさすことを表す「倦(う)んずあり」が略されて変化したものが語源。似た言葉に「げんなり」があるが、こちらは擬声語で見た目そのままに表現した単語だ。

―「奥の床」にいる上品な女性のことではない―

「奥床しい」は当て字で、本来は「奥」+「行かし」が正しい。ここでの「奥」は「その先・内面」を表し、「行かし」は「行きたい」という意味。つまり「心がひかれてその先が見たい」ことから「上品で心がひかれる」という意味になった。

人情味あふれる語源の言葉 その④

◎おっちょこちょい
　感動詞「おっ」、せわしなく動き回る表現の「ちょこまか」などの「ちょこ」、容易にできるさまを表す「ちょい」からなる言葉。主に東京周辺で使われていたものが広まったと思われる。

◎ぐうたら
　「愚」と「弛む」が合わさって変化したもの。古くは江戸時代から使われていて、今でいうニート。そう考えると言葉の響きとは裏腹に、強い侮蔑を感じる言葉である。

―「じわじわ」がポイント。その語源とは?―

「いびる」の名詞形。「いびる＝燻る」は本来「時間をかけて焼く」という意味で、長い時間をかけてじっくりと熱し続けることが、立場の弱い人を陰湿にいじめることに似ていることから「いびり」というようになった。

人情味あふれる語源の言葉　その⑤

◎**たてつく**

「たてをつく」とも。漢字では「楯突く」と書き、相手の攻撃を防ぐ楯で抵抗する様子からたとえたもの。転じて、目上の者に対して素直に従わずに文句をいうことを意味する。

◎**すれっからし**

「すれからし」とも。人間関係に擦れてずる賢くなるさまや、苦労がかさんですさんだ人をさす言葉。男女ともに使われるが、女性に対しては「阿婆擦れ」が用いられることもある。

―明治時代までは違う呼び名だった?―

このところ数多く上陸し大きな被害をもたらす台風。明治時代までは「野分(のわけ)」と呼ばれていた。それが「台風」になったのは英語の「タイフーン」の当て字。ちなみに「タイフーン」の語源はギリシャ神話の巨人「テューポン」に遡る。

気象・天気にまつわる言葉　その①

◎時化(しけ)
「しける」とは「空が曇る」の意味で、漢字は当て字。そこから海が荒れることへと意味が転じ、最終的には人の表情などにも用いられるようになった。

◎日和(ひより)
もとは空模様の意味であり、それをうかがうことを「日和見」と呼んでいた。空の様子ばかり気にしていたから、マイナスの意味がついたのかもしれない。

― 「妻」が入っているその理由 ―

　夏の終わり、収穫の時期に多く落ちる雷。かつて配偶者は男女にかかわらず「妻」と呼ばれていた。天の神が雷に姿を変えて田に落ち、稲の穂と結ばれ実をなしていく。そのような考え方から「稲の妻」＝「稲妻」という言葉が生まれた。

気象・天気にまつわる言葉　その②

◎梅雨
　中国では黴の生えやすい時期の雨という意味で「黴雨」と呼んでいた。それではあまりに語感が悪いので「梅」を当てたとする説、梅の熟する季節の雨という説、2つの説が存在する。

◎蜃気楼
　「蜃」とは大ハマグリのこと。「気」は「息」を表し、「楼」は高い建物を示す。古代中国では大ハマグリが吐いた息で高い楼閣が見えると考えられており、このような言葉が生まれた。

―なぜ「将軍」なのか?―

「将軍」とはいかにも冬の強烈な寒さを擬人化したものと思われているが、実は歴史上のエピソードから生まれた言葉。1812年、最強を誇っていたナポレオン軍がロシアに侵攻した際、寒さと飢えに耐え切れず撤退するに至ったことがもとになっている。

―録音・録画がない時代だから生まれた言葉―

歌舞伎、能、狂言の世界から生まれた言葉で、その家で古くから伝承されている芸のこと。録音、録画がない時代には、その家の得意とする芸は口伝や直接指導で引き継がれ、それは得意芸が家の外部にもれるのを防ぐことにもつながった。

芸術・エンタテインメントにまつわる言葉　その①

◎黒幕

歌舞伎などで、場面が転換するときや舞台の背景で闇を表現するための「黒い幕」に由来する。その背後で舞台をあやつることから、表に出ずに陰であやつる人を意味するようになった。

◎千秋楽

「千秋」は千年という意味で、もともと長い繁栄を願う言葉である。雅楽の最後に演奏される曲名が語源とされ、そこから相撲や演劇の最終日のことをいうようになった。略して「楽」ともいう。

―「こぶし」を漢字で書くと?―

「こぶし」は漢字では「小節」。音程の幅があまりない演歌では、メロディが単調にならないように音程に少しだけ変化をつける小さな節回しを入れる。この小さな節回し、つまり「小節」を入れて歌うことを「こぶしを回す」という。

芸術・エンタテインメントにまつわる言葉　その②

◎二の足を踏む
　もとは、雅楽から生まれた言葉。踊りの始まりで、緊張から左右どちらの足を出すかわからなくなり、左右２本の足が同じ場所を踏んだままの状態になってしまうことに由来する。

◎突拍子もない
　平安時代に流行った「今様歌」に由来する。これは音程があまり大きく変化しない歌であったが、突然音階を上げてすぐにもとに戻るようなところがあり、それを「突拍子」といった。

―誰が自画自賛をしたのか?―

東洋画ではその絵画に関する詩文(画賛)を書き入れる。普通は他人に書いてもらうが、それを自分で書くことを「自画自賛」といい、それに由来している。最初は悪い意味はなかったが、今では「自分を褒める」という悪い意味で使うことが多い。

芸術・エンタテインメントにまつわる言葉 その③

◎板につく
この「板」はカマボコの板のこととよく思われているが、実は舞台の板のこと。修業を積んだ役者が舞台と見事に調和しているさまをいったもので、転じて今の意味で使われるようになった。

◎やたら
雅楽で使われる「夜多羅拍子」(または「八多羅拍子」とも)というリズムの一種が語源。速くて複雑なリズムのため、無秩序でめちゃくちゃに聞こえることに由来する。

―楽屋につけられた星印が語源?―

その語源は諸説あるが、一般的なのが、19世紀のイギリスの芸能界で、最も人気のある俳優の控え室のドアに★(星=star)のマークが付けられていたことに由来しているという説である。なぜ星印だったのかは不明だが、やはりきらきら輝いて見えるのだろう。

芸術・エンタテインメントにまつわる言葉 その④

◎ロードショー
　もともとは芝居の旅興行に由来する言葉で、アメリカから入ってきたもの。昔のアメリカでは、新作映画を最初に地方都市で公開し、観客の反応を見ていた。これを「ロードショー」といった。

◎トリ
　もともとは落語家の世界で使われる寄席用語。演者が最後を「とる」、客の人気を最後に「とる」、ギャラを「とる」などのことから、最後に出演する人を「トリ」というようになった。

―もとは過激な音楽だったその理由―

　明治初期の自由民権運動が盛んな時代に、公開演説への政府の監視が強まったことに反発し、歌の形で街頭演説したことから「演歌」が生まれた。やがて政治風刺から大道芸化し、昭和に入って人情や男女の情感を歌う今の「演歌」となった。

―いわれてみればそのとおりの語源―

　古代中国に存在した「呉」という国。そこでは非常に質の高い織物を作っていた。当初は、日本を訪れた呉の職工を「くれはとり」と呼んでいたが、やがて彼らが作った服そのものを「呉服」と呼ぶようになったわけである。

ファッションにまつわる言葉　その①

◎**かばん**
　この言葉も中国に由来している。もとの漢字は「夾板(きゃばん)」だった。何かを包み込むというよりは、板で挟むといったイメージが近かったのだろう。ちなみに「鞄」は明治からの当て字である。

◎**足袋**
　「タビ」という言葉の語源は「旅沓(たびぐつ)」で、旅をするときに特別に仕立てた履き物のこと。「足袋」は当て字で、平安時代の履物「したうず」の別名「あしぶくろ」が由来といわれる。

―ある島が発祥だった?―

　古代ローマの皇帝ジュリアス・シーザーが名付けたシーザー島という島。それが英語読みでは「ジャージー島」。そこに暮らす人が非常に伸縮性の高い上着を身につけていたことから、島の名前にちなんでこう呼ぶようになった。

ファッションにまつわる言葉　その②

◎ビキニ
　原爆実験が行われたビキニ環礁。水着をデザインしたフランス人のルイ・レアールとジャック・エイムが、原爆のような爆発的なヒットを期待して「ビキニ」と名付けた。

◎カーディガン
　19世紀半ばのクリミア戦争での逸話が由来。イギリス陸軍の将軍カーディガン7世が負傷した際、軍服の上から保温のためにニットを重ね着したのが始まりといわれる。

―アメリカ発ではありません―

アメリカのイメージが明らかに強いジーンズだが、何とその起源はイタリアにあった。北イタリアにあるジェノバ島。そこをルーツとする説が有力で、ジェノバが次第に変化し、今のような「ジーンズ」になったとされている。

ファッションにまつわる言葉　その③

◎ズボン

もとは女性がスカートの下に穿くペチコートのことで、ゆったりした衣服を意味するアラビア語の「djubba」に由来しているとされる。「ずぼんと足に入る」はダジャレに近い俗説である。

◎セーター

アメリカンフットボールの選手がユニフォームとして身につけたことが始まりである。汗をかく人たちが着る服、そこから転じて汗を意味する「sweater」が洋服の名前になった。

―社交クラブから生まれた紳士な言葉―

アメリカはニューヨーク州タキシード湖畔に「タキシード・パーク」という有名な社交クラブがあった。背広と燕尾服の中間的な夜会服スタイルはここから生まれ、クラブの名が冠されたわけだ。ちなみに語のもともとの意味は「狼」である。

ファッションにまつわる言葉　その④

◎背広

軍服に対する市民（civil）の服、それが訛ったという説。あるいは、仕立屋の多いロンドンの高級洋服街「Savile Row」が訛ったという説、2つの説がいわれている。

◎ブレザー

語源には2つの説がある。どちらも19世紀半ばの話で、ひとつは「輝くもの」を意味する「ブレイズ」、もうひとつはイギリス海軍の「ブレイザー号」に由来するといわれる。

―何をかけて争ったのか?―

「ライバル」の語源はラテン語の「リヴァリス」、「川」から派生した言葉である。最初は川を共有する仲間をそう呼んでいたが、やがて水をめぐって争う競争相手へと変わっていったことにより、言葉の意味も転じたものと考えられる。

スポーツに関する言葉　その①

◎ジンクス
「ジンクス」とはキツツキに似た鳥「アリスイ」のこと。アリを食べる鳥で占いなどにも使われていた。動作が不気味だったことから、しだいに不吉の象徴とされていった。

◎アンカー
　もとは綱引き競技の用語。綱引きにおいて、重りの役目の最後尾の選手を船の錨(いかり)にたとえて「アンカー (anchor)」といい、最後であることからリレーの最終走者もそう呼ぶようになった。

―学校の名前が由来となった言葉―

2019年、アジア初のW杯開催、日本のベスト8初進出で国民的人気スポーツとなったラグビー。その起源は、1823年にイギリスのラグビー校で行われたサッカーの試合中、エリスという少年がボールを持って敵のゴールに駆け込んだことがきっかけとされている。

スポーツに関する言葉　その②

◎バドミントン
イギリス植民地時代のインドに「プーナ」という遊びがあった。それをインド帰りの兵士がやってみせたのがイギリス貴族の邸宅「バドミントン荘」であった、というのが有力な説である。

◎テニス
語源は諸説あるが、フランスの宮廷で行われたテニスの原型「Jeu de Paume（ジュー・ド・ポーム）」で、攻守交替のときにサーバーが「Tenez（トゥネス）」といったこととされている。

上前をはねる

―「上前」とは何の前?―

「上前」は「上米(うわまい)」が変化した語。上米は本来寺社への奉納米で、江戸時代には物資の通行税、後には仲介者の手数料であった。ここから「上前をはねる」は代金や賃金の一部を仲介者が自分のものにするという意味になった。

昔の業界用語からできた言葉 その①

◎地団駄(じだんだ)を踏む

昔の鍛冶場で使われた「たたら」を激しく踏む動作を表した「地だたら」が「地団駄」に変化したもの。怒りや悔しさの表現として使われるが、子どもが駄々をこねるイメージのほうが強い。

◎大立者(おおだてもの)

もとは芝居の一座の中心となっている優れた役者のこと。転じて特定の分野や業界などで重要な立ち位置にいる人物をさす言葉となった。「立役者」「花形」なども類語として扱われる。

―「お酒を水で薄めるから」は俗説―

　語源は、収入の不確定な商売を表す言葉として「水」を使っているという説、江戸時代に街路にあった「水茶屋」からきているという説、さらには芸妓が「泥水稼業」といわれていたからという説など諸説ある。

昔の業界用語からできた言葉　その②

◎店
　商品棚を指す「見世棚」の下略「見世」から。「店」には特定の場所に居を構えるという意味を含むため、市場の露天商や行商人などと分類するために使われたと思われる。

◎封切り
　今日での意味は、明治の新聞記者だった吉見蒲州が新作映画の上映記事で使ったのが始まりとされる。もとは江戸時代に新刊を入れた袋を包んだ紙を切ることを「封切り」といったのが語源。

―刑事のことをなぜ「デカ」と呼ぶ?―

　もとは犯罪者が身内で「刑事」をさした隠語。当時、和服を着ていた刑事を「角袖(かくそで)」と呼んでおり、「カクソデ」が「クソデカ」に変わり、さらに短く「デカ」となったというのが有力。一般に浸透したのは刑事ドラマの影響だろう。

まったり

―言葉が全国区になったあるブームとは?―

古語の「全(まった)い」が変化した言葉とされ、主に味覚の表現に使われる近畿地方の方言であった。これが1980年代のグルメブームなどで全国区となり、今のような意味を持つようになった。

飲み屋でウケそうなネタ　その①

◎徳利(とっくり)
酒を注ぐ際の「とくりとくり」という音が変化して「とっくり」となった説が有力。「徳利」は当て字で「徳裏」「土工李」などとも書く。間違いやすいが「お銚子」とは別物である。

◎突き出し
遊女の初夜を「突き出し」と呼んだことから「最初に出す料理」にかけたという説や「初仕事」の古い言い回しをもじった説がある。どちらにせよ「最初」というのが肝心なようだ。

―イケメンは1枚ではなくなぜ「2枚」?―

　江戸時代の歌舞伎の芝居小屋には、人気俳優8人を紹介する8枚の看板が立った。一枚目は主役、二枚目は色男、三枚目は道化、というように順番によって役割が決まっていて、これが現在の「二枚目」という言葉の由来となっている。

飲み屋でウケそうなネタ　その②

◎男前

　意味するところは「男らしさ」。歌舞伎の世界で動きを表す「前」を男につけることで、男の役者の動きの美しさを褒める言葉として使われるようになったという説がある。

◎瓜二つ

　2つに割った瓜の断面がよく似ていることから、親子や兄弟のような容姿が似ていることを表現するのに用いられる。断面が同じものは多々ある中で「瓜」が選ばれた理由は謎のままである。

―小股はどこのこと?―

　江戸時代から使われ、「女性の体の一部分がきりりとして小粋である」という意味。なお、この「小股」がさす体の部分は①うなじ、②切れ長な目、③股、など諸説さまざま。今も昔も女性の魅力を感じる部分は人によってさまざまということか。

飲み屋でウケそうなネタ　その③

◎流し
　放浪しながら技術を磨く演奏家をさす言葉。浄瑠璃の曲から編曲した「ナガシ」と呼ばれる旋律を演奏しながら歩く修業からとられた。同じように修業する料理人や芸人などにも使われる。

◎割烹
　切ることを表す「割」と煮炊きを表す「烹」の字をあわせた料理をさす言葉で、古代中国で使われた言葉がそのまま語源に。現在では比較的高級な和食を提供する店に使われることが多い。

青春新書
PLAYBOOKS

人生を自由自在に活動する

人生の活動源として

いま要求される新しい気運は、最も現実的な生々しい時代に吐息する大衆の活力と活動源である。

文明はすべてを合理化し、自主的精神はますます衰退に瀕し、自由は奪われようとしている今日、プレイブックスに課せられた役割と必要は広く新鮮な願いとなろう。

いわゆる知識人にもとめる書物は数多く窺うまでもない。

本刊行は、在来の観念類型を打破し、謂わば現代生活の機能に即する潤滑油として、逞しい生命を吹込もうとするものである。

われわれの現状は、埃りと騒音に紛れ、雑踏に苛まれ、あくせく追われる仕事に、日々の不安は健全な精神生活を妨げる圧迫感となり、まさに現実はストレス症状を呈している。

プレイブックスは、それらすべてのうっ積を吹きとばし、自由闊達な活動力を培養し、勇気と自信を生みだす最も楽しいシリーズたらんことを、われわれは鋭意貫かんとするものである。

——創始者のことば—— 小澤 和一

編者紹介
語源の謎研究会〈ごげんのなぞけんきゅうかい〉
古くから伝わる語源に詳しい者、最新ワードや流行語に詳しい者、外来語に詳しい者が集まり、語源の研究、発表を行っている「語源のプロフェッショナル集団」。イラストで語源を表現することにも長けており、既存の枠にとらわれないユニークな表現活動を行うことを信条にしている。

知っているようで知らない日本語の秘密
切り身なのになぜ刺身?

2019年12月25日　第1刷

編　者	語源の謎研究会
発行者	小澤源太郎
責任編集	株式会社プライム涌光

電話　編集部　03(3203)2850

発行所	東京都新宿区若松町12番1号 〒162-0056	株式会社青春出版社

電話　営業部　03(3207)1916　　振替番号　00190-7-98602

印刷・図書印刷　　製本・フォーネット社
ISBN978-4-413-21154-3
©Gogen no nazo kenkyukai 2019 Printed in Japan

本書の内容の一部あるいは全部を無断で複写(コピー)することは著作権法上認められている場合を除き、禁じられています。

万一、落丁、乱丁がありました節は、お取りかえします。

青春新書 PLAYBOOKS

人生を自由自在に活動する──プレイブックス

9割の人が知らずに損してる 頭のいい体の使い方便利帳
ホームライフ取材班[編]

「疲れない」「痛めない」「楽にできる」合理的な体の使い方のコツとテクニック集

P-1148

掃除のプロが教える メラミンスポンジ スゴ落ちの裏ワザ
大津たまみ

このカットのひと工夫でここまでキレイになる!

P-1149

老後の資金 10年で2倍にできるって本当ですか?
上地明徳

貯金ゼロ・知識ゼロでも大丈夫。この「常識」を知らないと人生で一千万円単位の損をする!

P-1150

日本人の9割がやっている かなり残念な健康習慣
ホームライフ取材班[編]

「あの常識を信じてはいけない」には、理由がある

P-1151

お願い ページわりの関係からここでは一部の既刊本しか掲載してありません。折り込みの出版案内もご参考にご覧ください。